きれいなフォームで
ゆったり健康的に泳ぐ！

大人の水泳

監修　笹原辰夫

（一社）日本皆泳協会 代表理事
（公財）日本スポーツ協会公認スポーツ指導者・A級コーチ

日本文芸社

水泳をはじめれば心もカラダも〝シャッキリ〟な毎日が待っている！

水泳は

「日々の疲れがとれない」

「ヤル気が起きない」

「元気がでない」

そんな悩みを抱えている人こそ

挑戦してみる価値があるスポーツです。

日常的に水に親しむことでリラックス効果を感じたり

疲れた心をリフレッシュすることができますし
加齢によって衰えた運動機能を
改善、維持、向上させることも可能です。
心とカラダが元気になれば、日常生活を
もっと豊かに過ごすことができるでしょう。
とはいえ、「大人になってからはじめるのは不安」
という人もいるでしょう。
水泳の良いところは、何歳からはじめても
十分に楽しむことができるところにあります。
今まで苦手意識を持っていた人でも
安心してチャレンジしてください。
正しいフォームを身につければ
誰でもラクにゆったりと泳ぐことができるようになります。
怖がらずに、プールへ一歩踏み出してみましょう。
健康的な心とカラダを手に入れて
〝シャッキリライフ〟を送れる日々は
もうすぐそこです。

大人の水泳 CONTENTS

Chapter 7

動画の見方

掲載してあるQRコードを、スマートフォンやタブレットのカメラやバーコードリーダー機能で読みとり動画を再生します。

★動画掲載ページ
- クロール……**56**ページ
- 背泳ぎ……**82**ページ
- バタフライ……**102**ページ
- 平泳ぎ……**120**ページ

Chapter 1

水泳には、こんな効果があります！

いま、水泳をはじめる大人世代がどんどん増えています。それは、水泳がもたらすさまざまな効果に「ハマってしまう」人が多くいるからです。どんなメリットがあるのか詳しく解説します。

シニアのカラダにはこんな現象が！

ワタシたちのカラダは加齢とともに変化する

「腰や首がイタタ…」「健康診断の数値が悪くて頭もイタタ…」。人は誰しも年を重ねるにつれてカラダに変化があらわれるものです。シニアはどのような諸症状に悩まされているのでしょうか。

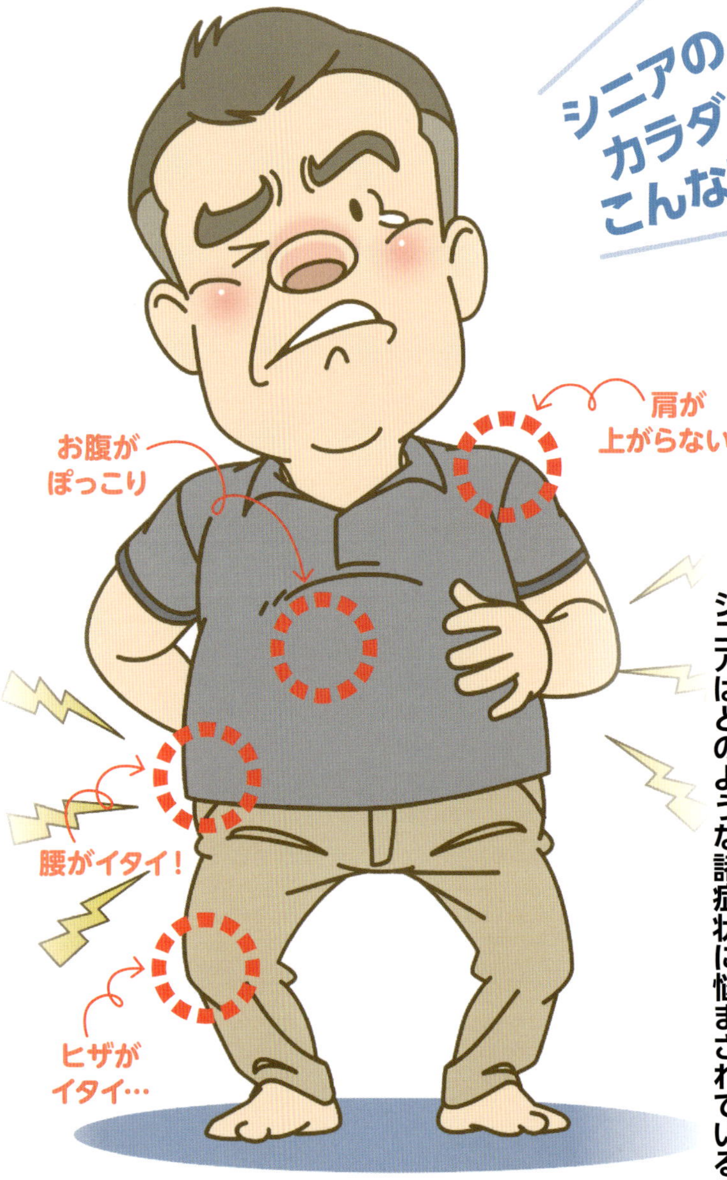
肩が上がらない…
お腹がぽっこり
腰がイタイ！
ヒザがイタイ…

加齢によってカラダの機能が衰える

50代を過ぎれば、肩、首、腰の慢性的な痛みに悩まされたり、脂肪がつきやすくなったり、心肺機能の衰えを痛感したりと、個人差はあるにせよ誰もがさまざまな変化を実感しはじめるものです。

思い当たる症状ありませんか?

シニアのカラダに起こりがちな 10個の変化

- ◎ コレが四十肩!? 肩が痛くて上がらない
- ◎ 慢性的な首こりでデスクワークがツラい
- ◎ 腰痛の症状が年々ひどくなってきた気がする
- ◎ ヒザが痛くて趣味の散歩も億劫に
- ◎ ちょっとした階段を昇るだけで息が切れる
- ◎ 焼き肉、唐揚げ、脂っこいものが食べられなくなった
- ◎ 少し食べすぎただけでも翌日胃もたれに
- ◎ 食べる量は変わっていないのにお腹に脂肪がついてきた
- ◎ 運動量は変わらないのに体重が増えていく
- ◎ 肌にうるおいやツヤがなくなってきた

「若い頃は健康そのものだったのになぜ?」そう頭を悩ます人も少なくないでしょう。

一般的に人のカラダは、年を重ねるにつれてあらゆる機能が徐々に衰えていきます。このような老化現象は誰の身にも起こりうるものです。

しかし、今すぐ命に関わるような症状でないからと放置していると、いずれ生活に支障をきたすことにもなりかねません。人生100歳時代を迎えた今、健康的なカラダの維持は、人生を豊に過ごすために必要不可欠な要素だといえます。

無理なく健康的なカラダを取り戻す

水泳でカラダの機能が回復する！

健康なカラダは水泳で取り戻す

世間的には〝子どもの習い事〟として位置づけられている水泳ですが、40代～50代やシニアにとっても水泳に挑戦するメリットはさまざまあります。

たとえ70代、80代であっても、水泳をはじめるのに「遅い」ということは一切ありません。水泳でカラダの機能を回復させ、心身ともに健康的なカラダを手に入れましょう。

今すぐはじめたくなる！ 水泳が心身にもたらすメリット

メリット1

カラダへの負担が少ない

水中には浮力があるので、陸上よりも重力が軽減されます。そのため、足腰に負担がかかりづらくなります。ウォーキングやマラソンと同程度のカロリーを消費できるにも関わらず無理なく行なうことができるのです。

メリット2

水圧効果で血流が良くなる

水泳はカラダを水平状態にして行なう運動です。カラダが横になっているぶん、立っているときよりも血液の流れは早くなり、末端まで血液が巡りやすくなります。これはカラダの機能改善にプラスの効果があります。

メリット3

水中はリラックス効果が高い

人は水中にいるだけでも、リラックスできる生き物です。湯船に浸かると「ホッとする」人も多いでしょう。適度な運動はストレス解消に一役買ってくれますが、水泳は、よりその効果を実感することができるのです。

メリット4

効率良く全身運動ができる

水中を泳ぐことでカラダ全体の筋肉を使います。そのため、短時間の運動でも十分な運動効果を見込めます。仕事や趣味が忙しいという人でも無理なく継続することができ、カラダへの好影響を実感できるはずです。

効果 1

カラダの機能改善

水泳をすることでもっとも期待できるのが、カラダの機能改善効果です。泳ぎを覚えていく過程のなかで、肩《けん》甲《こう》骨《こつ》まわりや首まわりの筋肉が徐々にほぐれ、慢性的な痛みやこりを軽減することができます。

「水泳をやったらもっと痛むのでは？」そんな心配はいりません。負荷のかかりにくい水中だからこそ無理なく筋肉をほぐすことができます

効果2

心肺機能の向上

「鼻から吐いて口から吸う」水泳独特の呼吸法をくり返すことで呼吸機能が向上します。また、水中では陸上よりも肺活量が減少するので、呼吸するための筋肉をより活発に動かします。自ずと心肺機能が向上するのです。

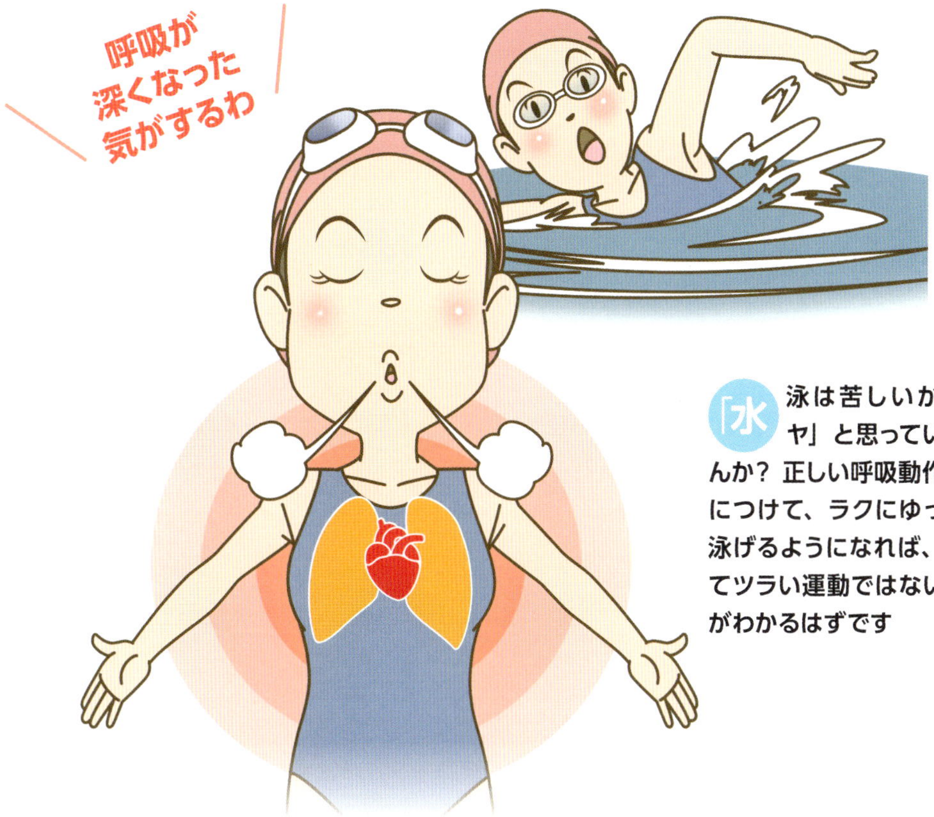

「水泳は苦しいからイヤ」と思っていませんか？ 正しい呼吸動作を身につけて、ラクにゆったり泳げるようになれば、決してツラい運動ではないことがわかるはずです

効果3

内臓機能の回復

男女問わず大人の頭を悩ませる内臓脂肪。じつは、水泳をはじめればこの内臓脂肪が劇的に減ることがわかっています。水圧を感じながら運動することで内臓機能も回復し、胃腸の働きも良くなります。

医者から「運動しなさい」と言われても何をやれば良いのかわからない、そんな人にこそ水泳はおすすめです。一年後の健康診断の結果が待ち遠しくなるはずです

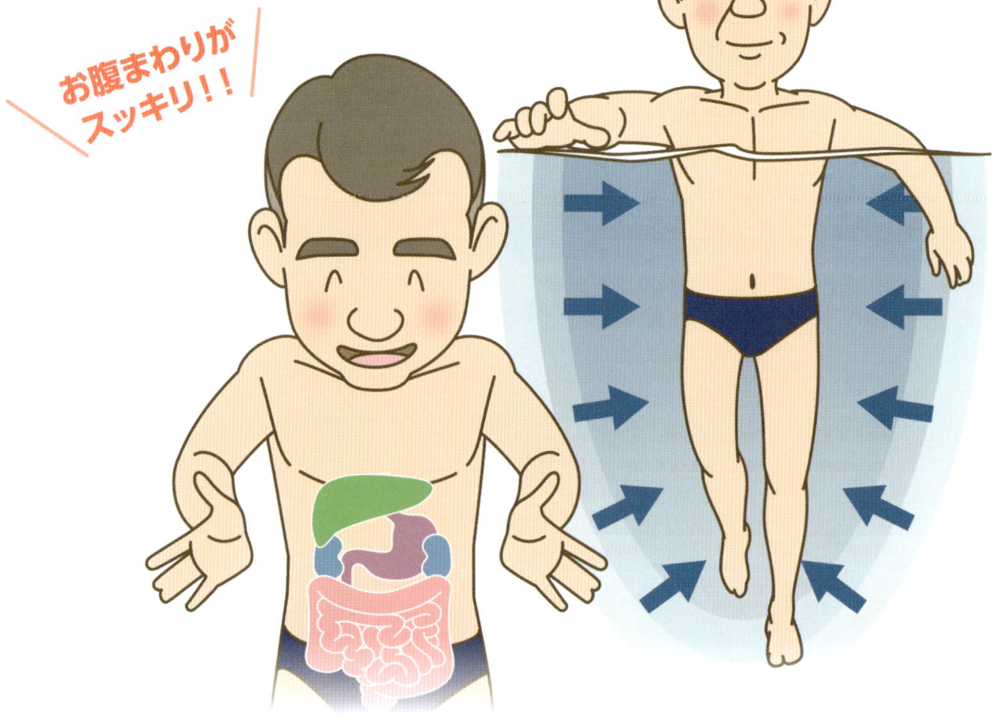

効果4

アンチエイジング

水泳に親しんでいる人は「皮膚年齢」が若い傾向にあります。水中で運動することで、みずみずしくハリのある美肌を手に入れることも可能です。適度な筋肉もつくので、たるみしらずの若々しいカラダを維持できます。

「いつまでも若々しくいたい！」女性であれば誰しもが思うことでしょう。健康も大事だけれど美しさも失いたくない、そんな願いを叶えてくれるのが水泳です

効果5

筋力アップ

水泳では全身の筋肉をまんべんなく使います。また、運動強度も高いので筋力アップやシェイプアップ効果も望めるでしょう。筋力や体力を向上させれば、よりアクティブに自分の「やりたいこと」を楽しめます。

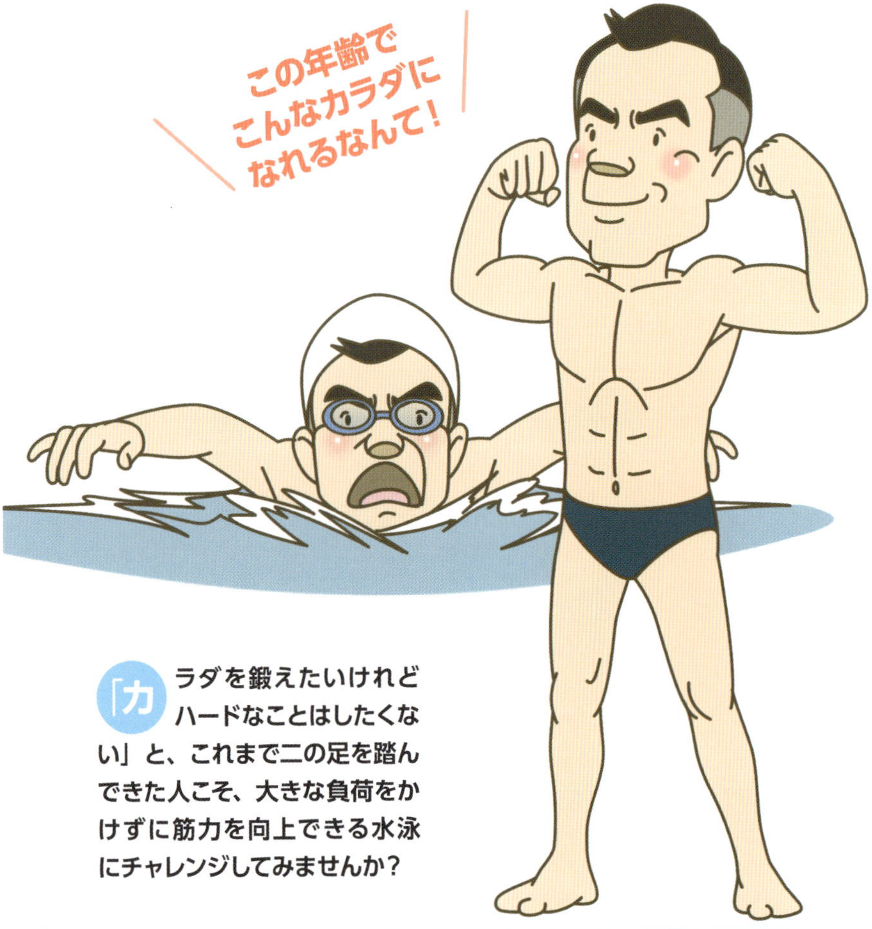

「カラダを鍛えたいけれどハードなことはしたくない」と、これまで二の足を踏んできた人こそ、大きな負荷をかけずに筋力を向上できる水泳にチャレンジしてみませんか？

まだまだある

水泳の効果!

食欲が増して
元気が
わいてきた

ストレスが
解消できて
イライラすることが
減った

胃腸の働きが
良くなって胃薬を
持ち歩かなくても
よくなった

泳げるように
なったので
ダイビングに挑戦!
新しい趣味ができた

股関節が
柔らかくなって
つまづくことが
減った

代謝がよくなって
ヤセ体質に!
肥満体型から
脱却できた

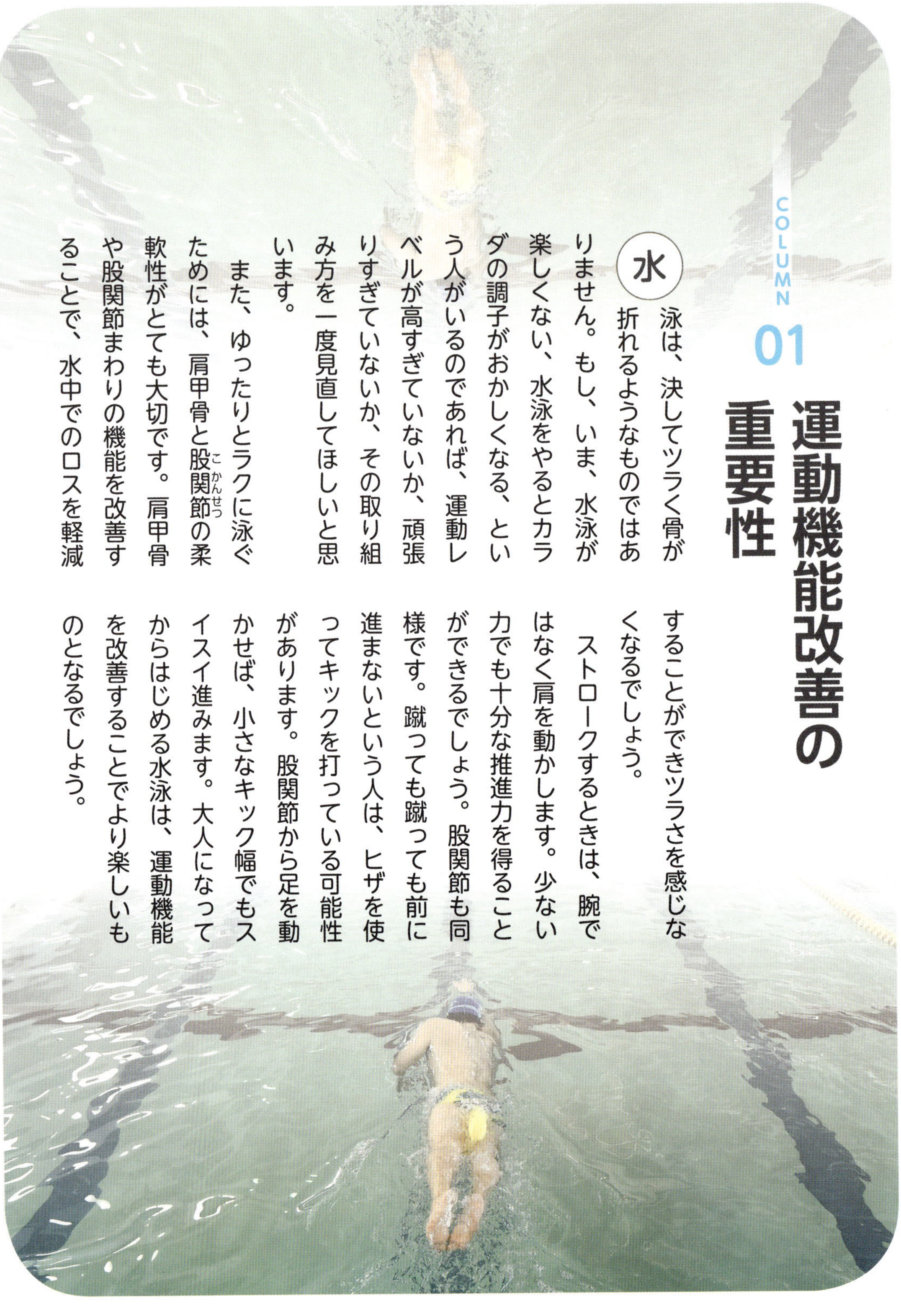

COLUMN 01

運動機能改善の重要性

水泳は、決してツラく骨が折れるようなものではありません。もし、いま、水泳が楽しくない、水泳をやるとカラダの調子がおかしくなる、という人がいるのであれば、運動レベルが高すぎていないか、頑張りすぎていないか、その取り組み方を一度見直してほしいと思います。

また、ゆったりとラクに泳ぐためには、肩甲骨と股関節《こかんせつ》の柔軟性がとても大切です。肩甲骨や股関節まわりの機能を改善することで、水中でのロスを軽減することができツラさを感じなくなるでしょう。

ストロークするときは、腕ではなく肩を動かします。少ない力でも十分な推進力を得ることができるでしょう。股関節も同様です。蹴っても蹴っても前に進まないという人は、ヒザを使ってキックを打っている可能性があります。股関節から足を動かせば、小さなキック幅でもスイスイ進みます。大人になってからはじめる水泳は、運動機能を改善することでより楽しいものとなるでしょう。

Chapter 2

何からはじめればいい？
水泳開始のコツ

大人が楽しく水泳をはじめるためには、ちょっとしたコツがあります。挫折して水泳が嫌いになったり、三日坊主にならないためにも、まずは自分のカラダの状態や泳ぎのレベルを知ることが大切です。

自分の「できること」から はじめましょう

ラクに無理なく泳げるようになるには、いきなり難しいことからはじめるのはおすすめしません。自分のできるレベルの練習からはじめて、着実にステップアップしていきましょう。

あなたはどこからはじめる?

レベル別水泳練習法

初心者

キックやストロークに挑戦しましょう

こんな人におすすめ

- ◎泳ぎが苦手
- ◎25m泳いだことがない
- ◎水に浮くことができない

けのびやバタ足キックなどを取り入れ、息つぎなしで短い距離を泳ぐことが目的です。補助具を使ってアシストしながら行ないます

主な練習内容

- ◎けのび
- ◎バタ足キック
- ◎片手ストローク
- ◎ストロークとキックのコンビネーション
- ◎ビート板キック

水慣れ期

水の中を好きになりましょう

こんな人におすすめ

- ◎水泳経験がない
- ◎水に恐怖心がある
- ◎無理なくはじめたい

水に慣れることを目標にして、水中を歩いたり、体操を行ないます。「水の気持ち良さ」を体感しましょう

主な練習内容

- ◎水中歩行・体操
- ◎顔つけ
- ◎潜る
- ◎浮く
- ◎その場で呼吸

レベルにあった練習からスタートする

水泳をはじめたものの、何からはじめれば良いのかわからないという人も少なくないかもしれません。

若い頃に水泳部だった人、水泳が苦手でまったく泳いだことがない人、水泳以外の運動を日常的に行なっている人……。大人になってから水泳をはじめる人は多

**効率良く泳ぎを身につけるための練習法を紹介します。
自分の現在の技術や運動レベルに合わせて、
どんなことからはじめれば良いのかを確認してみましょう。**

上級者

テクニックを磨きましょう

こんな人におすすめ

- ◎水泳経験がある
- ◎50m以上泳げる
- ◎マスターズに挑戦してみたい

4泳法がある程度泳げるようになったら、より長い距離をラクに泳ぐために、テクニックの向上を目指しましょう

主な練習内容

- ◎重心の位置
- ◎カラダで泳ぐイメージ
- ◎ストロークの意識
- ◎呼吸動作とタイミング
- ◎水感を高める

中級者

4泳法を完成させましょう

こんな人におすすめ

- ◎クロールしかできない
- ◎4泳法を練習したことがない
- ◎短い距離しか泳げない

呼吸法の練習と同時に、4泳法の練習をはじめましょう。クロール、背泳ぎ、バタフライ、平泳ぎを同時進行で行なうのがコツです

主な練習内容

- ◎クロール
- ◎背泳ぎ
- ◎バタフライ
- ◎平泳ぎ
- ◎スタートやターン

初級者

呼吸動作を身につけましょう

こんな人におすすめ

- ◎呼吸動作ができない
- ◎息つぎで水を飲んでしまう
- ◎すぐに息が切れてしまう

前呼吸、横呼吸など息つぎの基本を身につけます。その場で行なったり、歩きながら練習したりと徐々に慣れていきましょう

主な練習内容

- ◎吐く、吸う＋呼吸動作
- ◎前呼吸
- ◎横呼吸
- ◎その場で呼吸動作
- ◎歩きながら呼吸動作

初級と中級は並行して行ないましょう！

くいますが、当然のことながら、それぞれの水泳経験や、水に対するイメージ、運動能力は個人によって異なります。そのため、「何からはじめれば良いのか」は、個人のレベルによっても変わってくるといえます。まったくの初心者が、経験者と同じ練習をしても、途中で挫折してしまったり、苦手意識を持ってしまい水泳の上達にはつながらないのです。

まずは、泳ぎを学ぶ前に、何ができて、何ができないかをチェックしましょう。「まったく何もできない」という人でも心配はいりません。段階を踏んでレベルアップしていくことで、必ず4泳法が泳げるようになります。

水への違和感を捨てるコツ

苦手意識がある人は「水に慣れる」ことからスタート

水の気持ち良さを体感しよう

本格的な水泳経験がなく、水に対して苦手意識や恐怖心持っている人は、水に慣れることからはじめましょう。違和感があるうちは、水中で立っていることすら難しく感じるはずです。突然「浮きましょう」「泳ぎましょう」と言われても戸惑ってしまうものです。水中を歩く、肩までつかるといったことからはじめて、水の気持ち良さを体感しましょう。

どこからはじめる? 練習ステップ早見表

STEP 1 水中ウォーキング

「プールに入るのは久しぶり」
「水中が怖い」
「水中でうまく歩けない」

STEP 2 水中体操

STEP 3 顔つけ・潜る・呼吸

「顔をつけるのが怖い」
「呼吸できるか不安」
「潜れるかわからない」

STEP 4 浮き

STEP 5 息つぎ

「浮けるか心配」
「泳ぎが苦手」
「顔をつけて泳ぐのは怖い」

STEP 6 水中ストローク

「泳ぐのは数十年ぶり」
「基本からはじめたい」
「足のつくところで練習したい」

水泳開始のステップ

STEP 1 水中ウォーキング

これまでまったく水泳に親しんでこなかった人や、水に対して恐怖感があるという人は、まずは水に慣れるために水中ウォーキングからはじめましょう。プールの深さや水圧を感じることができればOKです。

水中ウォーキング（前向き）

軽くヒジを曲げて、腕を振りながら水中を歩いてみましょう。速く歩く必要はありません。大きな歩幅を心がけて、ゆっくりと自分のペースで進むことが大切です

水中ウォーキング（横向き）

カラダが慣れてきたら横向きでも歩いてみましょう。両手は頭の後ろで組みます。前歩きよりもバランスがとりづらいと感じるかもしれませんが、ゆっくりと大きな歩幅で進みましょう

STEP 2 水中体操

ウォーキングの次は、簡単な水中体操にチャレンジします。
まだ水中には潜らないので安心して取り組みましょう。胸まで水につかり、
水の流れや水圧をカラダ全体で感じましょう。

水中体操（ジャンプ）

プールサイドの壁を両手でつかんだまま、胸のあたりまで水中につかります。軽くしゃがんで肩までつかり、小さくジャンプをしてから立ち上がりましょう。この動作をくり返します

水中体操（胸までつかる）

壁に背中を向けて胸まで水中につかります。後方のプールサイドを両手でつかみ、「しゃがむ」「立つ」をゆっくりとくり返します。水圧を感じてみましょう

水中体操（足の開閉）

フロアが敷いてある水深の浅いプールで両足を前に伸ばして座り、足を「開く」「閉じる」という動作をくり返します。交差させるときは、足を上下にズラして大きく開閉させましょう。股関節から足を動かす意識で行ないます

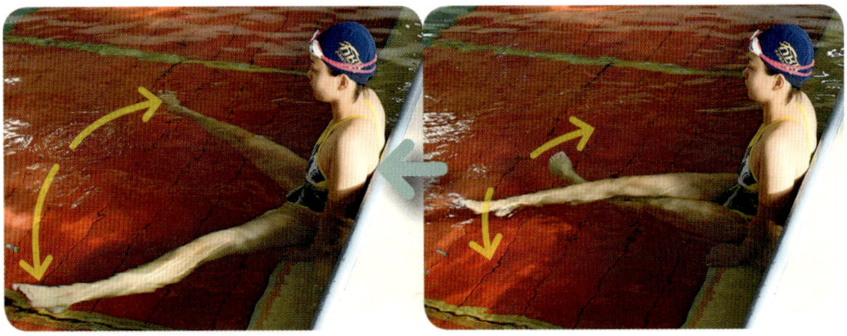

水中体操（足の屈曲）

上で紹介した足を開閉させる体操と同様に、両足を伸ばして座ります。そこから、ヒザを曲げて水中で屈伸運動をしましょう。このとき足ではなく腹筋に力を入れることがポイントです

STEP 3 顔つけ・潜る・呼吸

水中で動くことに慣れてきたら、いよいよ潜ったり呼吸をする練習をはじめます。恐怖感がある人は「無理をしない」ことが大切。無理をしなければ溺《おぼ》れることも、不意に水を飲んでしまうこともありません。

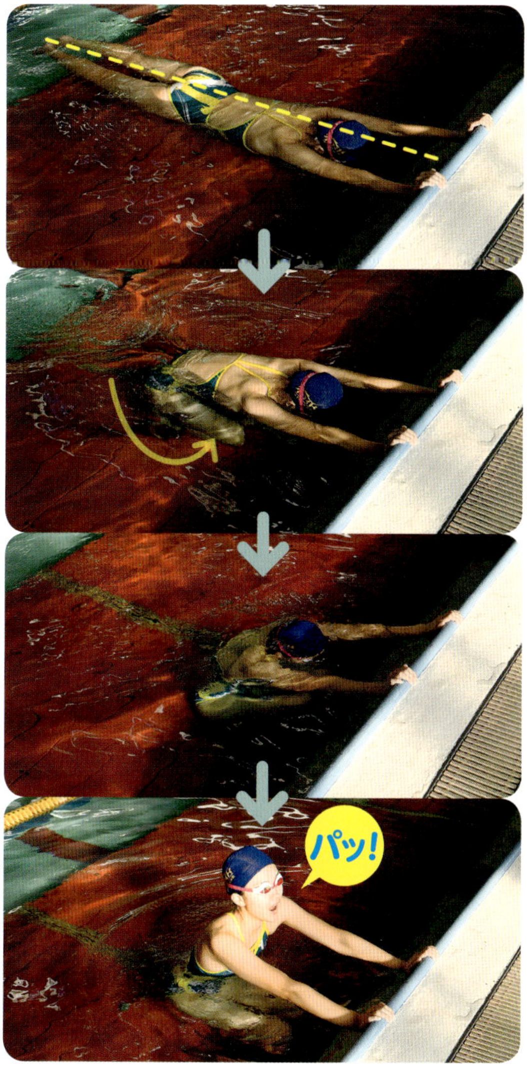

呼吸

両手で壁をつかんだまま浮いてみましょう。10秒経過したらヒザをお腹に近づけてから、ゆっくり立ち上がります。「パッ!」の口で息を吸いましょう

顔つけ

まずは水に顔をつけることからはじめます。10秒カウントしたら顔をあげて「パッ!」の口で息つぎをします

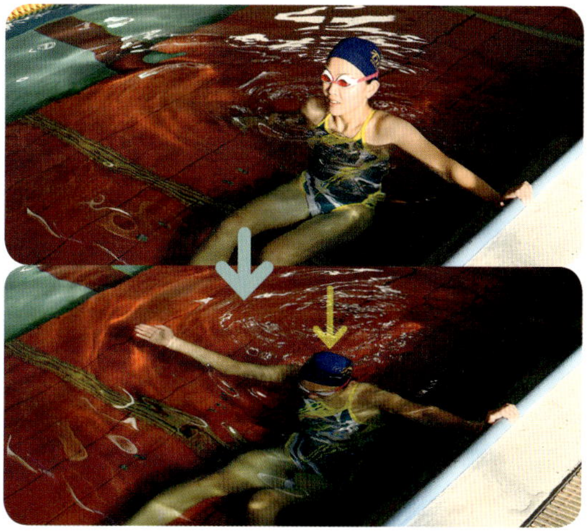

潜る

水中に潜り「鼻から息を出して口から吸う」練習を行ないます。片手はプールサイドをつかんだままでOKです

STEP 4 浮き

壁をつかんだ状態で浮くことができたら、ビート板を持って浮く練習にチャレンジしましょう。立ち上がるときに焦りは禁物です。ヒザを胸に近づける→立つ→呼吸という一連の動作を正確に行ないます。

ふし浮き　ビート板の上に両手をのせて、ふ(伏)し浮きをします。10秒カウントしたら、ヒザを胸に近づけてから足を沈めて、ビート板を持ったまま立ち上がり、呼吸をしましょう

ふし浮き（ビート板なし）

リラックスして浮けるようになったら、ビート板なしでのふし浮きを行ないます。両手を重ねてまっすぐ前に伸ばしましょう。10秒カウントした後、立ち上がって呼吸をします

Point 息つぎのコツ

泳ぎに自信がないときは

「まだうまく浮けない」「泳ぎに自信が持てない」という人はコースロープを使って呼吸動作の練習を行ないましょう。ロープを両手でつかんだまま潜り、軽くジャンプをしてから立ち上がって「パッ!」の口の形で呼吸をします。

Point

浮きのコツ

できる「浮き」から挑戦する

壁をつかんだ状態で浮けるようになり、潜ることにも不安がなくなったら、さまざまな形での浮き練習に取り組みましょう。はじめはとにかく力みやすいので、水にカラダを任せるイメージでリラックスして行ないます。

背面浮き

後方にあるコースロープをつかんだままカラダを上向きにして浮きましょう。ややヒザを曲げてバランスをとります

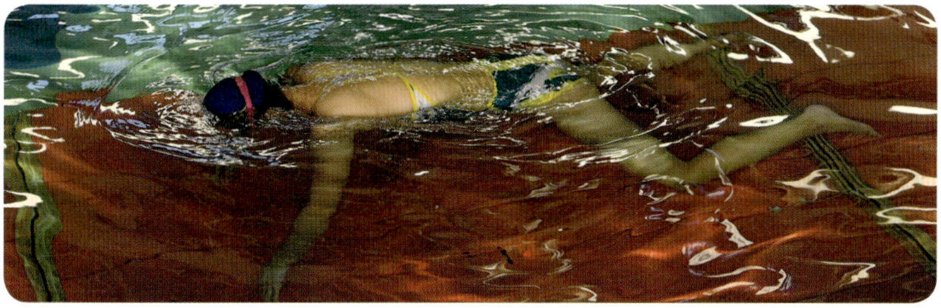

お椀浮き

カラダをお椀《わん》型にして浮きます。ヒザを軽く曲げて脱力します。水中でリラックスするための練習です

バランスがとりづらいときは浮き棒を利用する

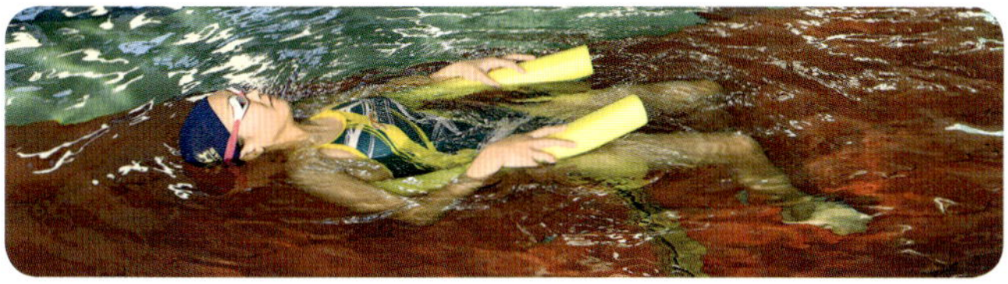

ワキの下へ浮き棒を挟み、ヒザを曲げてお尻をやや下げた状態で背浮きを行ないます

浮き棒を背中から前に回してワキで挟みます。両足を伸ばしてふし浮きに挑戦します

輪っか部分が頭の上にくるように持ち、浮き棒にカラダを預けるイメージでふし浮きをします

STEP 5 息つぎ

浮くことができるようになったら、前呼吸にチャレンジしましょう。
キックで前に進むことが目的の練習ではないので、壁を蹴ってスタートし、
水中を進む感覚をカラダで覚えましょう。

歩きながら呼吸

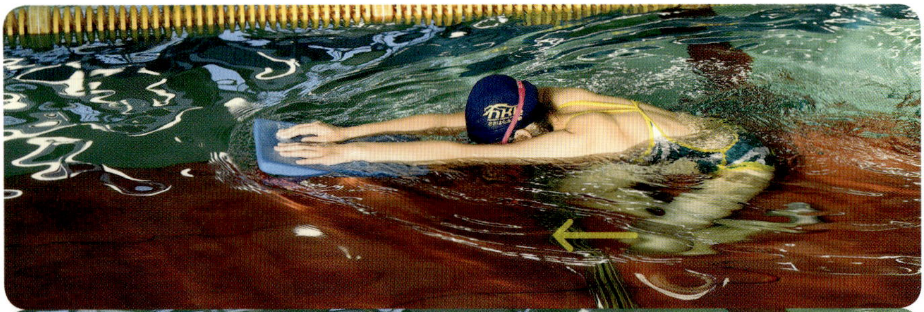

ビート板の上に両手をのせて肩の位置まで水につかり歩きます

歩きながら顔を上げて「パッ!」の口で息を吐きましょう

キックで前呼吸

軽くキックを打ちながら水中を進む感覚を味わいます

3回キックを打ったら顔を上げて「パッ!」の口で息つぎをします

STEP 6 水中ストローク

**ストローク動作を行ないながら、水中を歩いて進みましょう。
できるだけ実際の泳ぎに近づけることで、水に慣れるだけでなく水圧を
利用したストレッチング効果も感じることができます。**

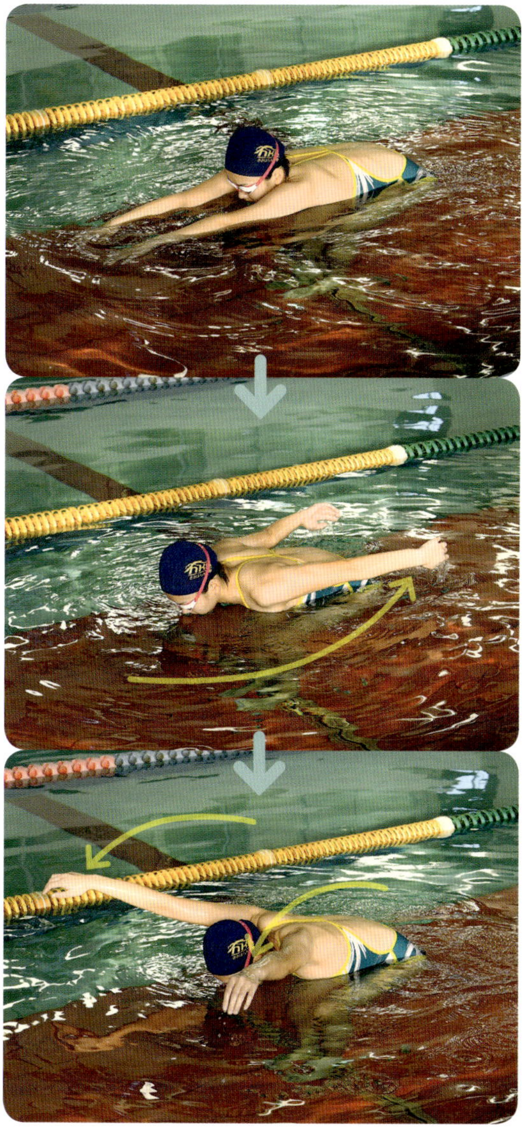

コンビネーション（バタフライ）

バタフライのストロークにも挑戦してみましょう。肩甲骨を大きく回しながら両手で水をとらえ、水のかたまりをぐっとおさえてから後方へ押し出します

※ストロークは110ページ参照

コンビネーション（クロール）

ゆっくりと大きくクロールのストロークを行ないましょう。顔は水につけず、上げたままで構いません。水の圧力を感じながら、肩甲骨を十分に動かします

※ストロークは62ページ参照

COLUMN 02

ビギナーのお悩みあるある

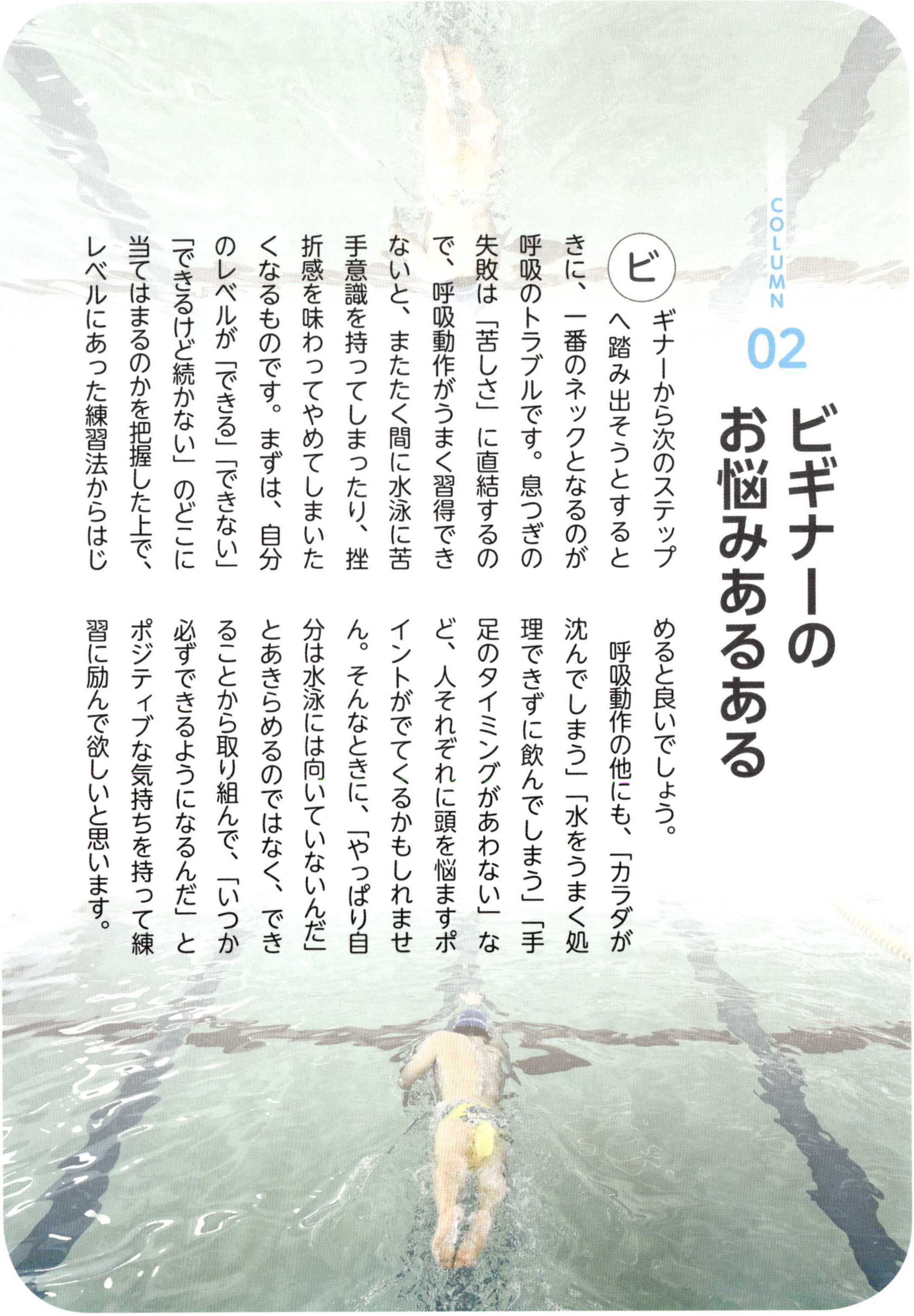

ビギナーから次のステップへ踏み出そうとするときに、一番のネックとなるのが呼吸のトラブルです。息つぎの失敗は「苦しさ」に直結するので、呼吸動作がうまく習得できないと、またたく間に水泳に苦手意識を持ってしまったり、挫折感を味わってやめてしまいたくなるものです。まずは、自分のレベルが「できる」「できない」「できるけど続かない」のどこに当てはまるのかを把握した上で、レベルにあった練習法からはじめると良いでしょう。

呼吸動作の他にも、「カラダが沈んでしまう」「水をうまく処理できずに飲んでしまう」「手足のタイミングがあわない」など、人それぞれに頭を悩ますポイントがでてくるかもしれません。そんなときに、「やっぱり自分は水泳には向いていないんだ」とあきらめるのではなく、できることから取り組んで、「いつか必ずできるようになるんだ」とポジティブな気持ちを持って練習に励んで欲しいと思います。

Chapter 3

水の中でカラダの機能を改善しよう

カラダの機能が衰えたままでは、うまく泳ぎを覚えることができません。4泳法の練習をはじめる前に、まずは水中での体操やストレッチを行ない「泳げるカラダ」を取り戻すことからはじめましょう。

「できない」「ツライ」の原因はカラダの機能が衰えているから

「もっと簡単に泳げると思っていた」「頑張っているのにうまく泳げない」と悩んでいる人はいませんか？その問題は、カラダの機能を改善することで解決するかもしれません。

運動機能の衰えが上達を妨げる原因

近年、運動不足解消や、健康維持のために大人になってから水泳を本格的にはじめる人が増えています。しかし、その一方で、いざはじめてみたものの長続きせず、すぐにやめてしまったという例も少なくありません。

姿勢が悪いとカラダがまっすぐにならない

股関節が硬いと平泳ぎのキックが上手くできない

大人の水泳ビギナーが壁につまづいてしまう理由は「若い頃のように泳げなかった」「頑張っているのに思うようにカラダが動かずツラい思いしかしなかった」「水泳がちっとも上達しなかった」ということがあげられます。このような問題に直面してしまうのには、大人のカラダに起こる、ある現象が関係しています。

　人は誰しも年を重ねるにつれて、姿勢が悪くなったり、首や肩の筋肉がこり固まってしまったり、股関節が硬くなってしまうものです。このように運動機能が衰えていると、スムーズにストロークができなかったり、必死でキックを打っても思うように水中を進むことができません。大人になってから突然ハイレベルな泳ぎを目指しても、うまくできないのは当然のことだといえます。

泳ぎやすいカラダをつくることが大切

水泳はカラダ全体を使って楽しむ運動です。より永く水泳に親しみたいと思うのであれば、子どもや若い人と同じようなアプローチで取り組むのは得策ではありません。

　泳ぎの基本を身につける前に、まずは、水中での運動を通して、衰えてしまった運動機能を改善することからはじめると良いでしょう。

泳ぎの練習＋αの重要性

水中ストレッチで運動機能を改善させる

機能の改善なくして水泳の上達は見込めない

　運動機能が改善しなければ、うまく泳ぐことはできません。たとえば、ストロークがうまくできない人は、肩甲骨まわりの筋肉がこり固まっているケースが多くあります。水中で肩を回したり、ストレッチを行なうことで肩が動きやすくなるでしょう。慢性的な肩こりを改善することも可能です。
　また、股関節が硬かったり、足の内側の筋肉が衰え

水中ストレッチ・補強運動の進め方

第1段階

正しい姿勢の確認

まずは正しい姿勢を確認しましょう。姿勢の悪さはなかなかすぐには矯正できないものです。練習をはじめる前に確認するクセをつけると良いでしょう

第2段階

股関節まわりの機能改善

肩甲骨まわりのストレッチと並行して、股関節の可動域を広げる運動も行ないましょう。水圧を感じながらやることで、効率良くストレッチすることができます

肩甲骨まわりの機能改善

肩や首、肩甲骨をほぐすストレッチを行ないましょう。水中には浮力があるので痛みを感じづらいメリットがあります。無理のない範囲で行ないましょう

第3段階

泳ぎが中・上級者になったら挑戦!

体幹トレーニング

運動機能が改善し、ある程度泳げるようになったら体幹まわりの筋肉を鍛えるトレーニングにもトライしてみましょう。筋肉量が上がれば、よりラクに泳げるようになります

ているとキックを効率良く打つことができないので、水中をスムーズに進めません。下半身の補強運動や水中ストレッチにチャレンジして、少しずつ機能を改善していきましょう。

さらに、水泳では正しい姿勢を維持することが必要不可欠です。肩が丸まっていたり、反対に反りすぎていると水中でキレイに浮くことができないからです。プールの壁を使って正しい姿勢をチェックしたり、普段の生活から悪い姿勢をとっていないか意識することが大切です。

STEP 1 姿勢改善

まずは正しい姿勢がとれているかを確認しましょう。姿勢の悪さは、なかなかすぐには改善することができません。普段の生活でも、背中が丸まりネコ背になっていないかを注意しながら過ごすと良いでしょう。

胸を張って
肩をやや引く

姿勢のチェック

水中で「気をつけ」の姿勢をとって立ちます。アゴを引き、背中、お尻、カカトを壁にぴったりとつけましょう。目線はまっすぐ前に向けます。これが正しい姿勢です

Point 姿勢改善のメリット

ストリームラインがとりやすくなる

指先から足のつま先までが一直線になるように、手足をまっすぐ伸ばした姿勢をストリームラインと呼びます。普段の姿勢が悪いとストリームラインがとりづらく、効率良く泳ぐことができません。

床と平行になるように
まっすぐ伸ばす！

STEP 2 肩まわりの水中ストレッチ

普段デスクワークの多い人は、とくに首や肩甲骨まわりの筋肉がこり固まりがちです。
そこで、肩甲骨まわりの可動域を広げるストレッチを行ないましょう。
スムーズにストロークできるようになります。

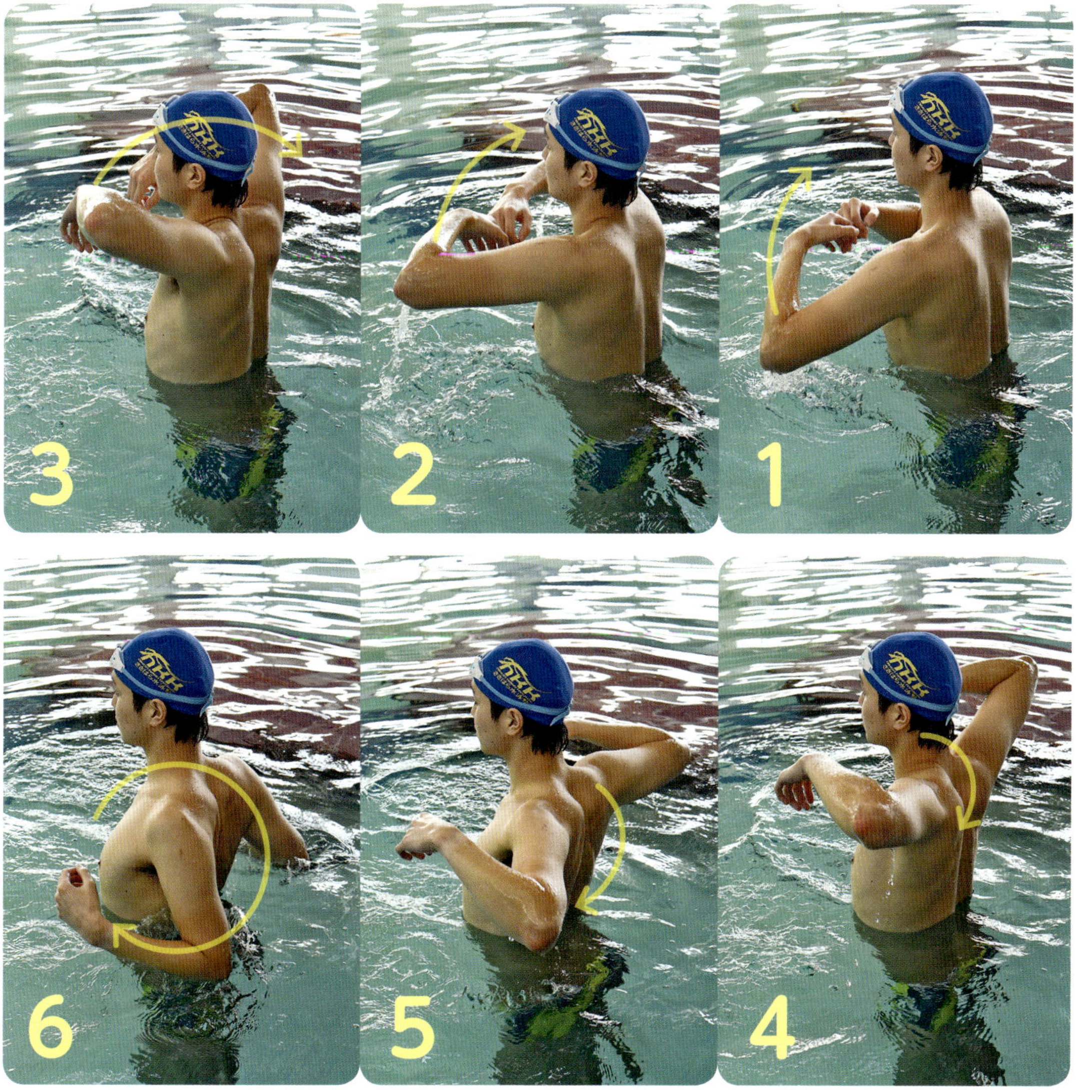

肩回し

水中に立った状態で、前後に8回ずつ肩を回しましょう。耳に肩を近づけるイメージで、肩甲骨を動かしてゆっくりと大きく回すことが大切です

肩入れ（横向き）

壁から少し離れて立ち、プールサイドに手をつけてカラダを「くの字」に曲げ、肩からワキ腹にかけての筋肉をストレッチします。反対向きでも同様に行ないます

後方に腕を伸ばし、肩を壁にぴったりとつけます。そのままの姿勢を維持してじっくりストレッチしましょう

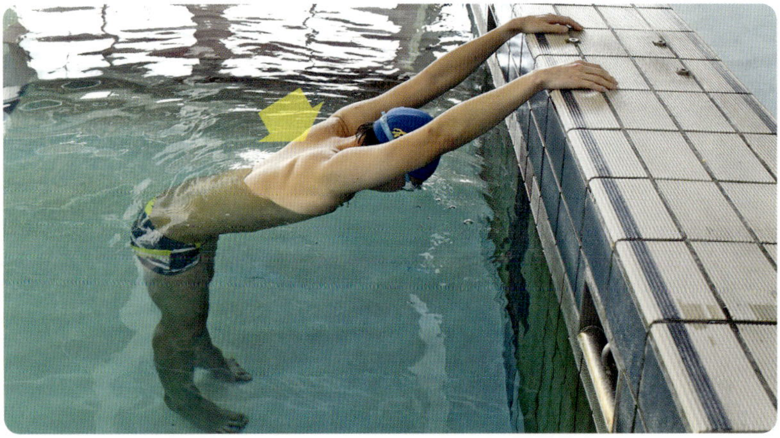

肩入れ（前向き）

壁から離れて立ち、両手を頭の上に伸ばしてプールサイドにつけます。やや前屈して肩を入れ、肩甲骨まわりの筋肉をじっくりと伸ばしましょう

肩入れ（左右）

前向きの肩入れと同様に両手を伸ばしてプールサイドにつけます。手の平を重ねて、交互に肩を入れてゆっくりと回旋させましょう

肩入れ（後ろ向き）

壁に背を向けて立ち、両手を後ろに伸ばしてプールサイドにつけます。腰を落として肩を入れそのままの姿勢を維持しましょう

肩入れ（ヒジつき:横）

片方の手を上げてヒジを曲げた姿勢で壁に寄りかかります。ヒジを高い位置で固定し、足で踏ん張りながら肩まわりをストレッチしましょう

反対側の手でも同様に行なって、カラダのバランスを整えましょう

肩入れ（ヒジつき:前）

壁を向いて立ち、ヒジを曲げた状態でプールサイドの上につけます。壁に寄りかかるようなイメージで肩を入れましょう。反対側の手も同様に行ないます

肩入れ（ヒジつき：後ろ）

壁から離れた位置に立ち、手を背中側に回してヒジをプールの壁につけて寄りかかります。カラダを「逆くの字」にして体重をかけましょう

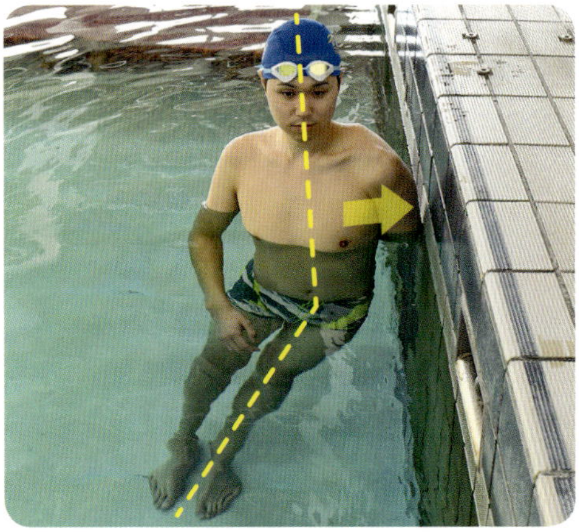

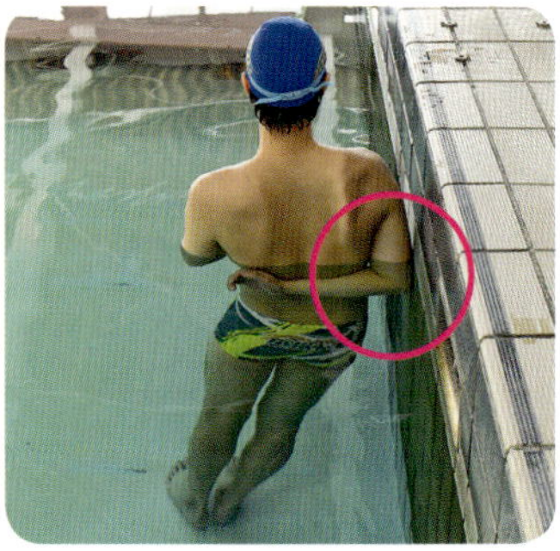

反対側の手でも行ないます。ヒジを曲げて、腕から先は背中にくっつけましょう

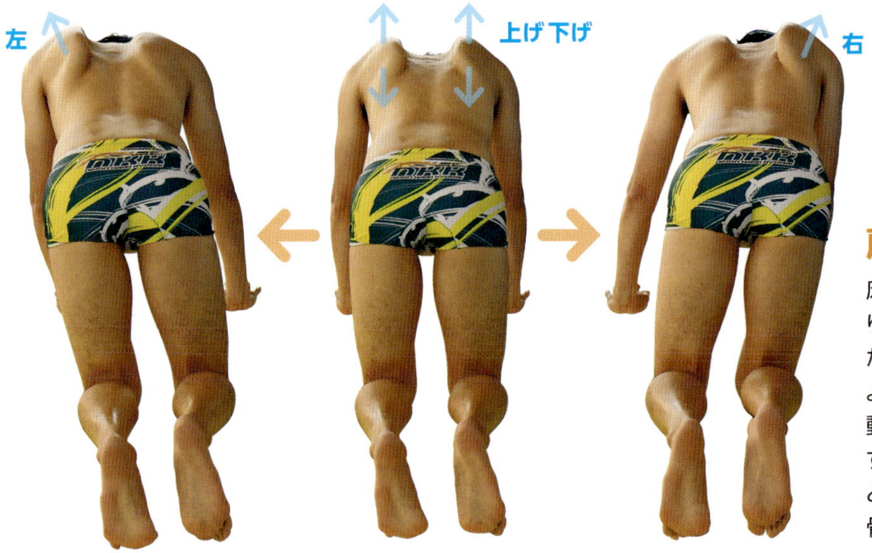

肩甲骨出し

床に四つんばいになり、やや背中を丸めながら肩甲骨を上げましょう。上げる、下げるの動作を数回くり返します。続けて、右側、左側と左右それぞれに肩甲骨を動かします

肩甲骨回し

肩甲骨まわりの筋肉がほぐれてきたら、ゆっくりと回します。はじめのうちは肩甲骨を動かしづらいかもしれませんが、反復練習を行なって少しずつ可動域を広げましょう

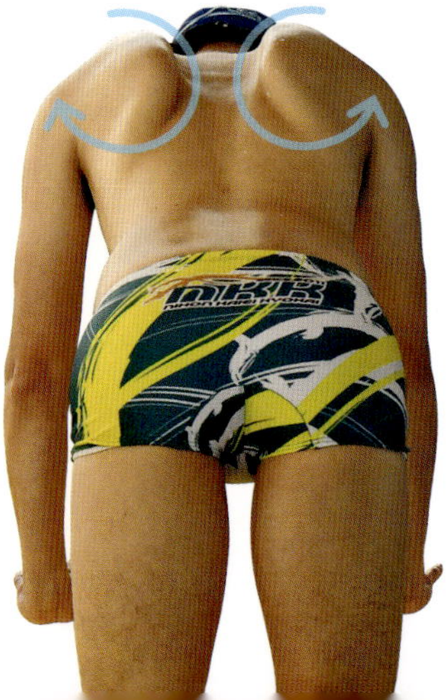

STEP 3 股関節まわりのストレッチ

股関節の可動域が狭いと正しく力強いキックを打つことができません。
普段運動をしない人は、とくに股関節まわりの筋肉がこり固まっています。
柔軟性を高めるストレッチに取り組みましょう。

股関節開き

壁を向いて立ち、両手でプールサイドをつかみバランスをとりながら、片方ずつ足を上げましょう。カラダの軸がブレないように注意しながら大きく開きます

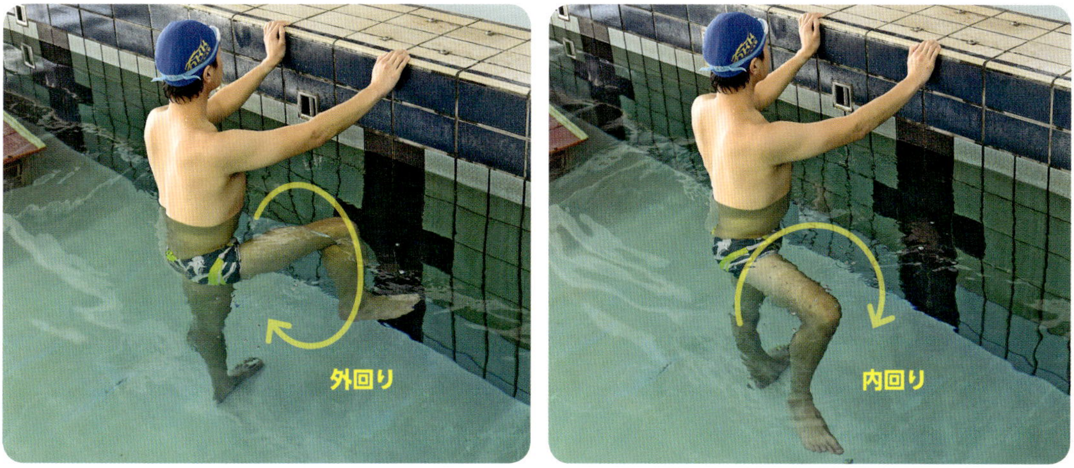

股関節回し

次は股関節を大きく回します。内回り、外回りどちらも行ないましょう。できるだけ大きく回すことを心がけ、水圧を感じながら行ないましょう

股関節前後

壁に対して横向きに立ち、片方の手でプールサイドをつかみます。足を前後に大きく振り上げましょう。上半身がフラフラしないように注意します

太もも前面のストレッチ

片方の手を壁について立ち、ヒザを曲げてカカトをお尻に引きつけます。もう片方の手で足の甲をつかみながらヒザを後方へ引いてバランスをとります

ふくらはぎのストレッチ②

両手でプールサイドをつかんで立った状態から、つま先立ちの姿勢になります。数回この動作をくり返して、ふくらはぎの筋肉をストレッチしましょう

ふくらはぎのストレッチ①

両手を壁につき、片方の足を後方へ伸ばしてふくらはぎのストレッチを行ないます。ふくらはぎの筋肉が伸びていることを確認しながら行ないましょう

STEP 4 体幹のトレーニング

ある程度カラダの運動機能が改善し、泳ぎも中級以上になったら、体幹を鍛えるトレーニングに挑戦してみましょう。泳ぎの練習にプラスして補強運動をすることで、よりラクに泳ぐことができるようになります。

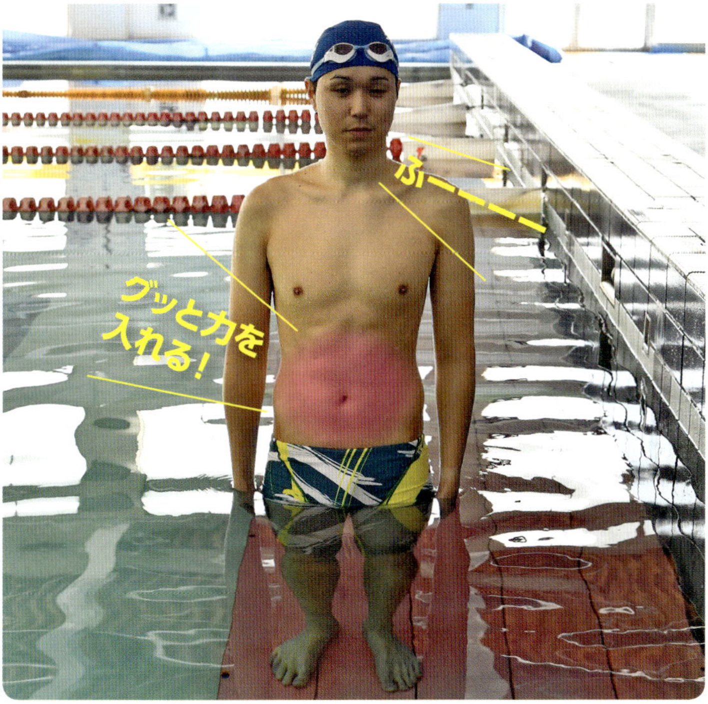
ふーーーー
グッと力を入れる！

腹圧を入れる

気をつけの姿勢で立ち、息を吸いながらお腹をへこませて、フーッと吐きながらお腹に力を入れましょう。これが「腹圧を入れた姿勢」です

Point 腹圧を入れて泳ぐ

泳ぎながら体幹を鍛えよう

腹圧を入れた状態でビート板キックをしましょう。お腹がへこみストリームラインが維持しやすいので、水中でも抵抗を受けづらくなります。この練習だけでも体幹まわりの筋肉を鍛えることが可能です。

腹圧がゆるまないようにキック！

10秒
キープ

腹筋

床にあお向けになって両ヒザを立てます。上半身を起こして両手をヒザの上に乗せたら、そのままの姿勢で10秒キープしましょう。腹筋に力を入れてお腹をぐっとしめます

背筋

ヒザを立ててあお向けになり、両手で床をしっかりと支えてお尻を持ち上げましょう。お尻の筋肉と背筋に力を入れて、このまま姿勢をキープします

10秒
キープ

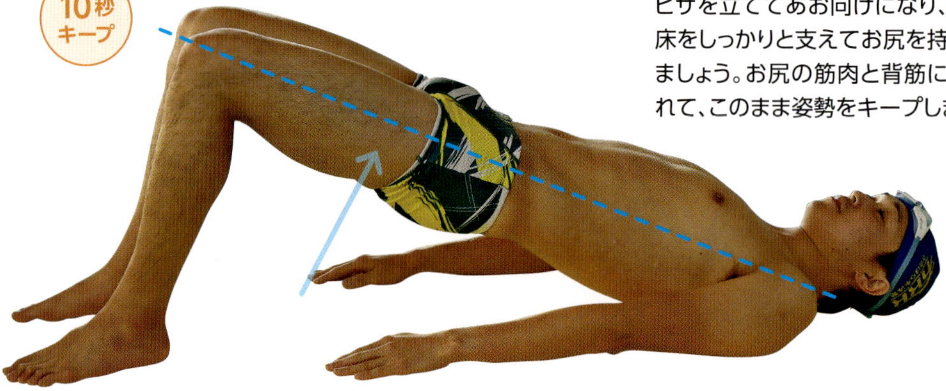

よりレベルアップしたい人は、姿勢を維持したまま片方の足を持ち上げましょう。カカトから肩までが一直線になるように意識します

10秒
キープ

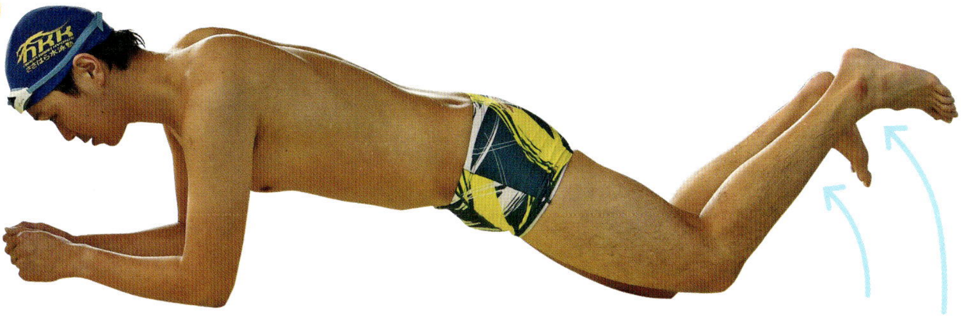

プランク

四つんばいになったら、両ヒジと両ヒザを床について足先を上げます。この姿勢で10秒キープします。お腹に力を入れることがポイントです

慣れてきたら、片手を前に伸ばしましょう。左右行なうことで、左右のバランス感覚を鍛えることができます

10秒
キープ

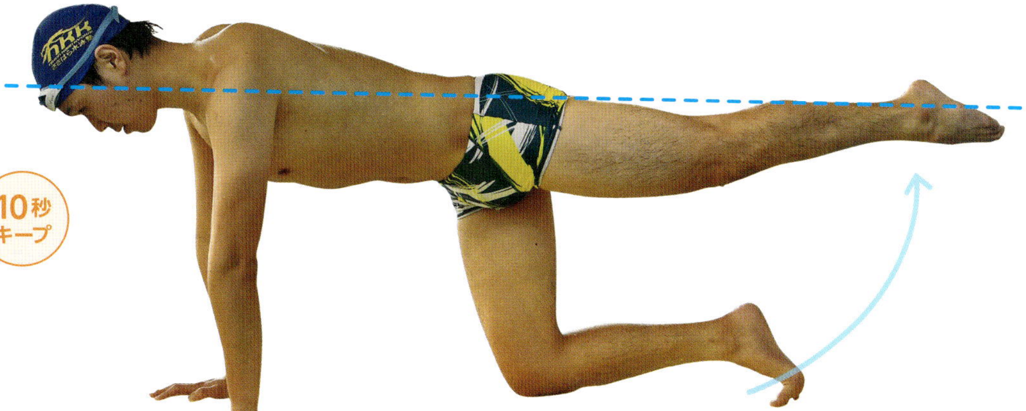

片足プランク

肩の下に手がくるように四つんばいになります。ヒザを伸ばしながら片足ずつ持ち上げます。つま先から頭までが平行になるように意識しましょう

さらに体幹を鍛えたい人は、片手、片足を同時に伸ばしましょう。手や足の位置が下がらないように注意します

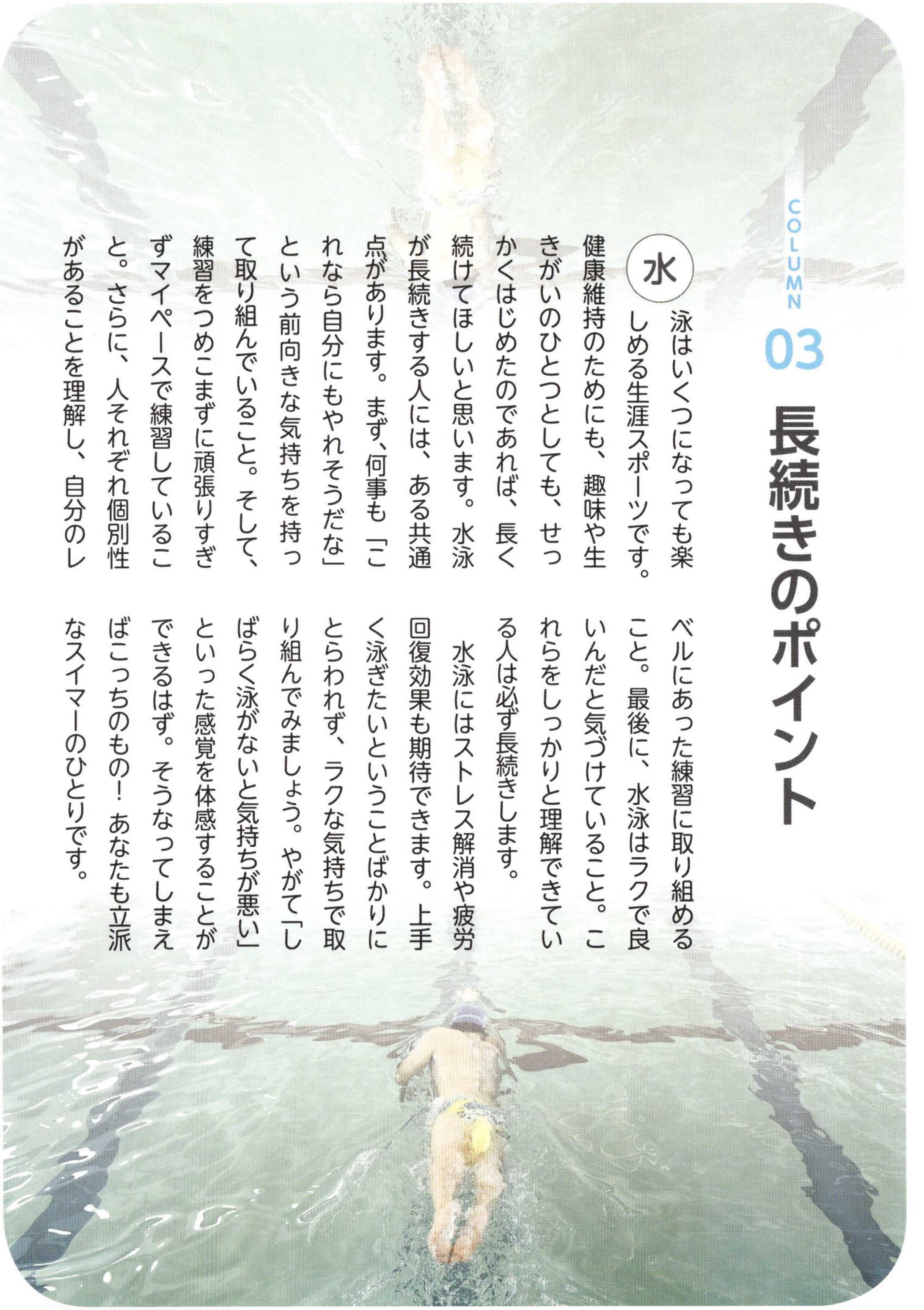

COLUMN

03 長続きのポイント

水泳はいくつになっても楽しめる生涯スポーツです。健康維持のためにも、趣味や生きがいのひとつとしても、せっかくはじめたのであれば、長く続けてほしいと思います。水泳が長続きする人には、ある共通点があります。まず、何事も「これなら自分にもやれそうだな」という前向きな気持ちを持って取り組んでいること。そして、練習をつめこまずに頑張りすぎずマイペースで練習していること。さらに、人それぞれ個別性があることを理解し、自分のレベルにあった練習に取り組めること。最後に、水泳はラクで良いんだと気づけていること。これらをしっかりと理解できている人は必ず長続きします。

水泳にはストレス解消や疲労回復効果も期待できます。上手く泳ぎたいということばかりにとらわれず、ラクな気持ちで取り組んでみましょう。やがて「しばらく泳がないと気持ちが悪い」といった感覚を体感することができるはず。そうなってしまえばこっちのもの！あなたも立派なスイマーのひとりです。

Chapter 4

泳ぎのベース！ クロールを身につけよう

クロールは泳ぎの基本となる泳法です。初心者は、まずクロールのマスターを目指しましょう。細かなステップに分けて丁寧に練習をすれば、あっという間に泳げるようになります。

上達のコツは「頑張りすぎない」こと

大人の水泳では無理をしないことが一番大切です。ヤル気があればあるほど、無意識のうちに頑張りすぎてしまうもの。その頑張り癖が、上達を妨げる要因になってしまうことがあります。

苦しくなる前に休憩をする

ある程度、年代が上の人は、なにごとも「一生懸命努力することが当然！周りの人よりも頑張らなければ！」と意気込みすぎてしまう傾向があります。しかし、大人が水泳を身につける上で、頑張りすぎるのは禁物です。

たとえば「10秒間けのびでキープしながら泳いでみましょう。苦しければ7秒でも8秒でも良いので顔を上げてくださいね」とコーチから言われたとします。このような場面で、年代が上の人は「10秒とはいわず限界まで頑張ろう！」と考えてしまいがちです。しかし、水泳に慣れていない人がギリギリの限界まで粘ってしまうと、慌てて立ち上がったときに水を飲んでしまったり、息があがって苦しい思いをしたりと、良いことはありません。頑張りすぎることで、結果的に水泳が楽しくなくなってしまうのです。

また、泳ぎはじめると当然心拍数は上がり、止まれば下がります。上がったり下がったりをくり返しているうちは問題ありませんが、反復練習などで一生懸命になりすぎると、心拍数が上

がったまま戻らなくなってしまいとても危険です。自分の感覚的に「呼吸が落ち着かなくなってきた」と感じたら、カラダがSOSを出している証拠です。練習を止めて一度休憩を挟みましょう。

無理をするほどリラックスできない

そもそも、水泳はリラックスしながら行なうスポーツです。頑張りすぎたり、無理をしすぎるとカラダは力み、ラクに泳ぐことはできません。無意識のうちにカラダに染みついてしまった、大人の「頑張り癖」を、意識的にはねのけられるようになりましょう。

大人のためのアプローチ法がある

できることを徐々に増やしていけば必ず泳げる

細かなステップをひとつずつクリアする

いまは、インターネットや書籍など、さまざまな媒体で「泳ぎの上達」についてたくさんの情報を集めることができます。しかし、どんなに情報を頭に入れても、泳げない人はまったく泳げないもの。それは、泳ぎを覚えるためのアプローチ方法に問題があるからです。泳ぎを身につけるためには、一段ずつ階段を昇るように、徐々にできることを増やしていくことが大切だといえます。

たとえば、クロールがまったく泳げない人は、まずキックやストロークの正しい形を習得することからはじめます。陸上で練習をしたり、プールサイドに腰掛けてキックを打ったり、細かなステップにわけて丁寧に行ないましょう。

次に、ビート板や補助具を使って「浮く感覚」を身につけます。呼吸動作は初心者にとって大きな壁となります。そのため、息つぎの練習は後半に行ないます。まずは、できるだけリラックスした状態で泳げるようになることを目指し、息つぎなしのクロールを完成させましょう。そして、ある程度リラックスして泳げるようになったら呼吸動作を組み合わせます。そこまでに泳ぎの基本はマスターできているので、息つぎ動作が入っても泳ぎのバランスを崩したり、溺れることは

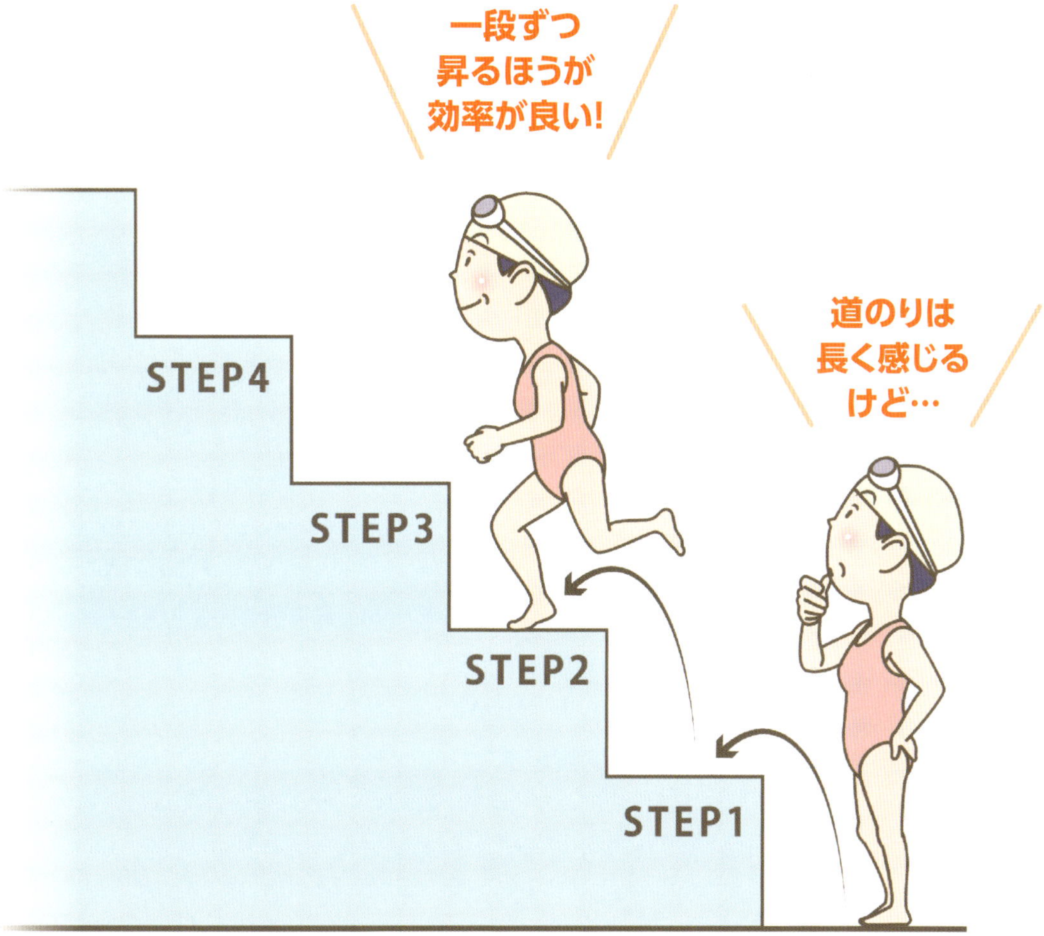
一段ずつ
昇るほうが
効率が良い!
道のりは
長く感じる
けど…
STEP4
STEP3
STEP2
STEP1

ありません。あっという間に、25ｍ、50ｍとラクに泳ぐことができるようになります。

4泳法を並行して同時に練習する

息つぎなしのクロールができたら、背泳ぎやバタフライ、平泳ぎにも挑戦してみましょう。毎日同じことばかりやっていると、どうしても飽きがきてしまうもの。時間差をつけながら並行して練習すると、モチベーションも維持しやすく、かつ、さまざまな筋肉を使うため、運動機能の改善を促進できる効果もあります。

あせらずにひとつずつステップをクリアしていけば、誰でも必ず4泳法は泳げるようになります。

4泳法のなかでもっとも速く泳げる!

難しい息つぎ動作は一番最後でOK

すべての泳ぎに通じる基本泳法

クロールはもっともオーソドックスな泳ぎで、4泳法を身につけるときに一番はじめに練習する種目です。ストロークやキックはとても単純な動作で、比較的すぐにできるようになりますが、初心者が一番つまづきやすいのが息つぎです。ある程度基本動作をマスターし、練習の後半に呼吸動作を導入することで無理なく泳げるようになります。

どんな流れで進める？
練習ステップ早見表

イントロ

まずはココからスタート！

けのびとキックで水に慣れる

実際の泳ぎに入る前に、キックの形やけのびで
水中をラクに進む感覚を身につけましょう

STEP 1　STEP 2　STEP 3　STEP 4　STEP 5

腕の使い方を学ぼう

第1段階

ストローク動作をチェック

陸上でストローク動作を行なったり、水中
で実際に腕を動かして進みましょう

STEP 6　STEP 7

第2段階

いよいよ呼吸練習開始！

呼吸動作をチェック

横呼吸の練習をはじめます。補助具を使い
ながら手と呼吸を合わせて泳いでみましょう

STEP 8　STEP 9　STEP 10　STEP 11　STEP 12　STEP 13

実際の泳ぎに近づけてみよう

第3段階

浮きの感覚を身につける

浮きの感覚や重心の位置を身につけ、
クロールを完成させましょう

STEP 14　STEP 15　STEP 16　STEP 17

お手本の泳ぎをチェックしてみよう!
〜クロール編〜

泳ぎの動画を
チェック!

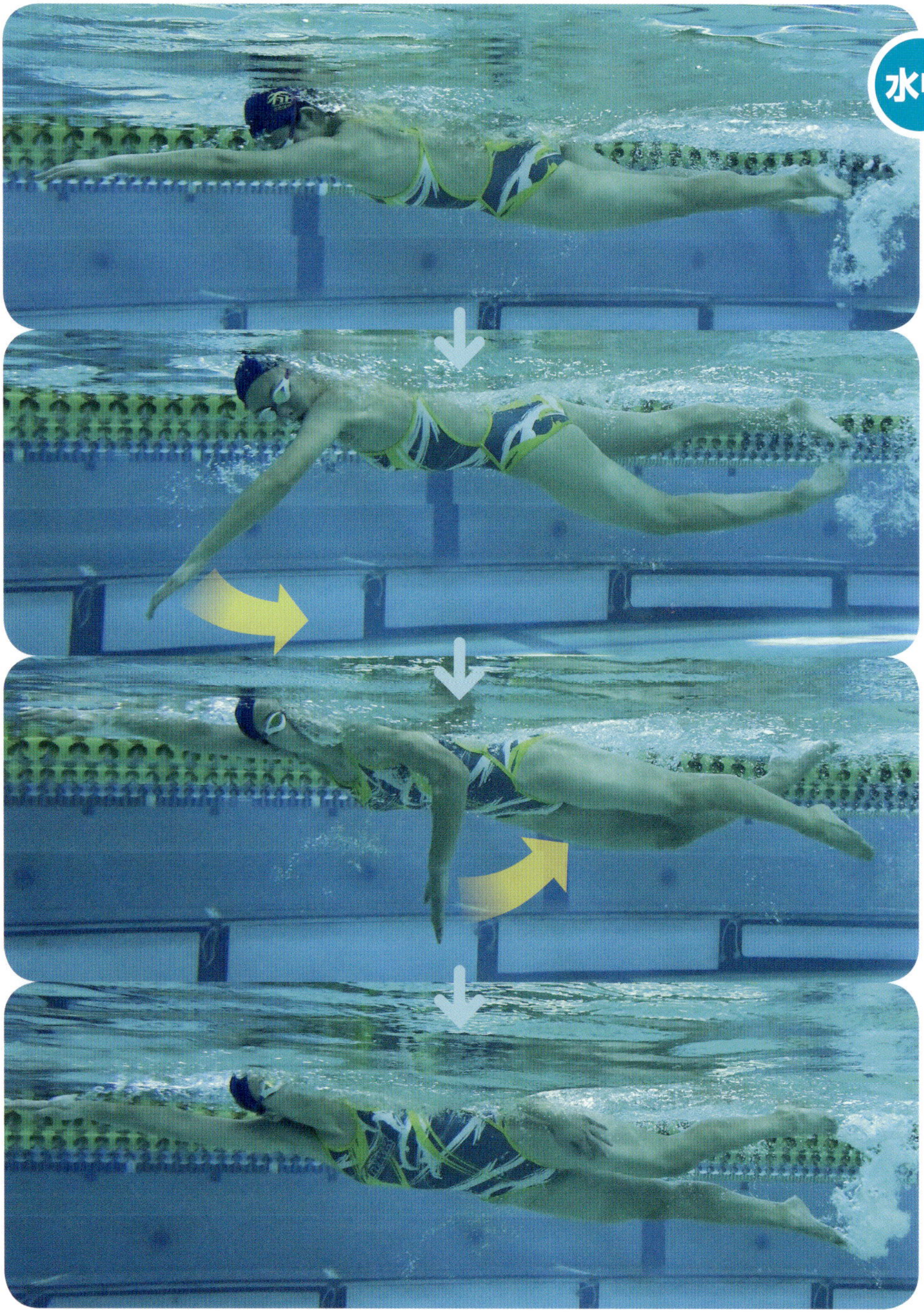

**クロールはリラックスしてゆったりと泳ぐことが理想的です。
キックは小さな幅でリズミカルに、ストロークは肩から大きく腕を回します。
速く泳ぐことよりも、大きく泳ぐことを心がけましょう。**

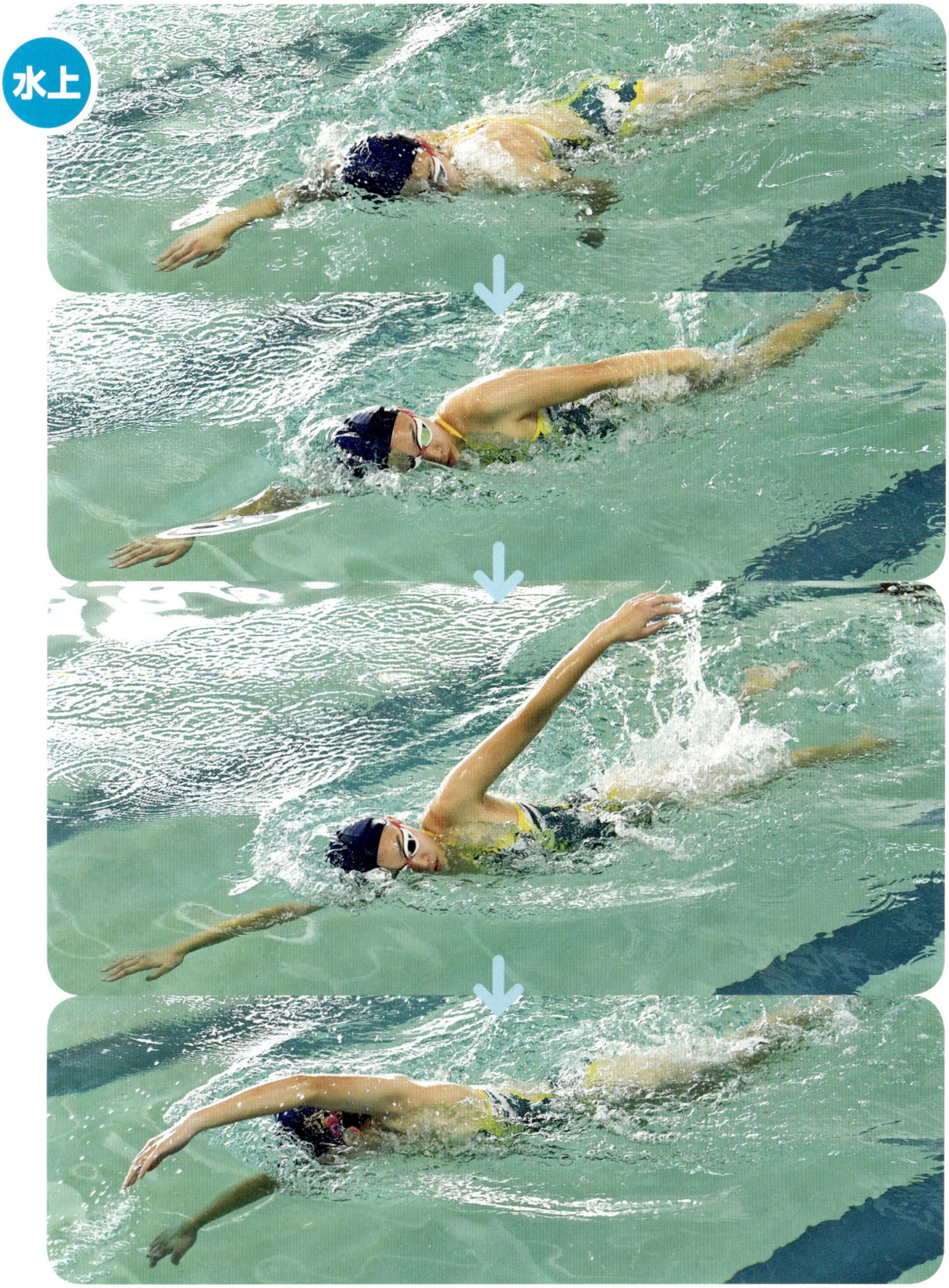

STEP 1 腰掛けキック

まずはプールサイドに腰掛けて水中でのキックの感覚をつかみましょう。股関節からゆったりと動かすことがポイントです。足首が硬い人やヒザから下しか動かせないという人はSTEP 2からはじめてもOKです。

股関節から
ゆったりと動かす

ヒザを軽く伸ばしたままキックを打ちます。大きく動かす必要はありません。水をつかまえるイメージで行ないます

STEP 2 壁キック

プールサイドをつかみ、腕を壁にぴったりとつけたら、うつ伏せの状態でキックを打ちましょう。まだ顔は水につけません。できるだけカラダがまっすぐになるように意識しながらキックを続けます。

うつ伏せの姿勢で
キックする

STEP 3 手伸ばし壁キック

プールサイドを両手でつかみ顔をつけたままキックをくり返しましょう。
アゴ、肩、お尻、足の位置がほぼ一直線になるように心がけます。
アゴが上がったり、キックの幅が大きすぎるとカラダが沈んでしまいます。

肩から足までが一直線のラインで結べるように水平を維持しましょう。力みすぎも禁物。リラックスして行なってください

ココに注意！

ヒザを曲げると水を正しく蹴れない

キックを打っている途中にお尻が沈んでしまうという人は、ヒザが曲がっていないか確認してみましょう

ヒザは曲げずにしなやかさを出す

STEP1の腰掛けキックを思い出しましょう。ヒザを曲げずに股関節からゆったりと動かすことが大切です

STEP 4 けのび

STEP 3までの導入パートが終わったら、いよいよ第1段階のスタートです。まずはけのびに挑戦しましょう。ストリームラインをとって壁を蹴り、水面を滑《すべ》るようにスーッと前へ進みます。

壁を蹴ったら両手と両足をまっすぐ伸ばした姿勢を維持して水中を進みます

両手の親指を重ねて、頭の上にまっすぐに伸ばしてストリームラインをとります

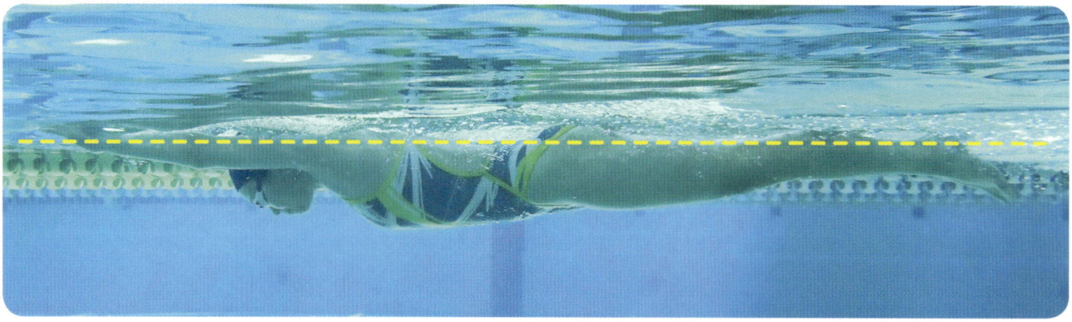

力まないでカラダを伸ばす 手の位置が下がるとうまく進むことができません。指先から足のつま先までが一直線になるように意識しましょう

ココに注意!

カラダを反らない

カラダに余計な力が入るとお腹が沈んでしまいます。適度にリラックスしましょう

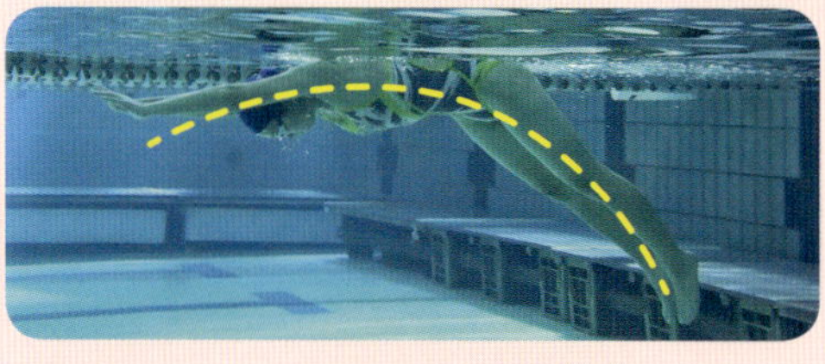

カラダをくの字にしない

力を抜きすぎたり両手が沈んでしまうと、それにともなって足も沈んでしまうので注意しましょう

STEP 5 けのびキック

次はけのびにキックをプラスして10秒間泳いでみましょう。
キックは「大きく元気良く」打ったほうが進みやすいと思っていませんか？
写真を見てみましょう。実際はそこまで大きく蹴る必要はないのです。

キックの幅が大きくなればなるほどカラダがブレて、バランスをとりづらくなります。水中の写真を参考にしてみましょう

ココに注意！

ヒザを大きく曲げない

ヒザが曲がらないように注意しましょう。壁キックで練習したように股関節から足全体を動かすイメージです

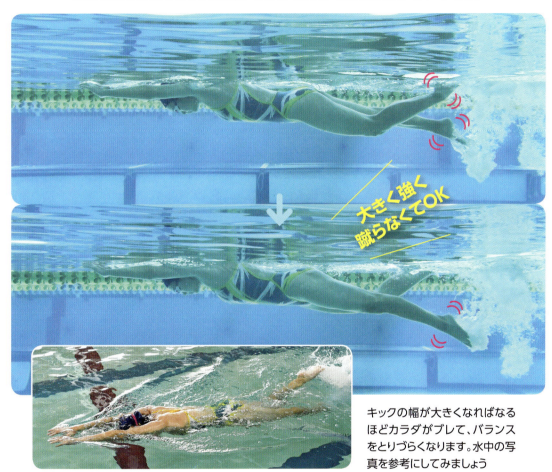

STEP 6 陸上でストローク

キックで前に進む感覚をつかめるようになったら、次はストロークの練習をはじめましょう。
クロールでは、腕を回すのではなく、肩を大きく回すことでより
たくさんの水をとらえることができます。

手は、やや曲がってもOKです。水のかたまりを腕全体でおさえるイメージで大きく肩を回し、耳の上から正面に向けてリカバリーしましょう

Point

正しいストローク

肩を回す感覚を覚えましょう

反対の手で肩を触りながらストローク動作を行なってみましょう。肩をしっかり動かせていますか? 前から後ろへ大きくゆっくり回します。

STEP 7 前合わせクロール

第1段階の仕上げに、息つぎを入れないクロールを泳いでみましょう。
呼吸が苦しくない範囲で立ち上がってOKです。水の流れにカラダを任せるイメージで、
力むことなくラクにストロークとキックを行ないます。

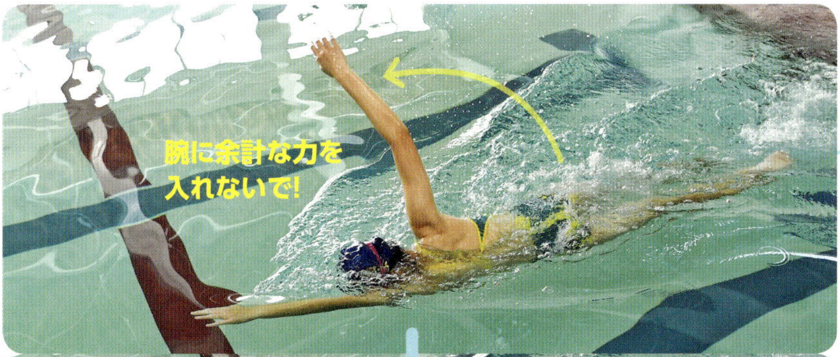
腕に余計な力を
入れないで!

1

カラダが沈まないようにストリームラインをしっかりとります

2

肩を大きく回して耳の上を触るように腕を水中へ戻します

水の流れに身を
任せるイメージ

3

カラダをリラックスさせ軽くキックを打ち続けましょう

ワキを締めて
水を押し切る

4

水のかたまりをおへそに集めるイメージで水をおさえましょう

クロールのテーマ

キレイなフォームで長く泳げるようになる！

水中を魚のようにゆったりとラクに泳ぐ姿を見て「羨ましいなあ」と思うことはありませんか？無理なく長く泳ぐためにはキレイなフォームを身につける必要があります。

手のかきと呼吸法がポイント

息つぎなしのクロールができるようになったら、キレイなフォームで、ゆったりと長く泳げるようになることを目指しましょう。そのためには、肩や首まわりの運動機能を改善させて、スムーズな呼吸動作を身につける必要があります。ビギナーから次のステップへの一歩を踏み出しましょう。

Point 呼吸の方法

肩が回れば息つぎはカンタン

1 つむじが肩の上につくぐらいまで首を横に回して「パッ!」の口で息つぎをしましょう

2 肩甲骨を動かして肩を大きく回してストロークを行ないます

3 腕の入水のタイミングに合わせて顔を水中へ戻し、真下に向けましょう

腕の動かし方

腕全体で水をつかもう！

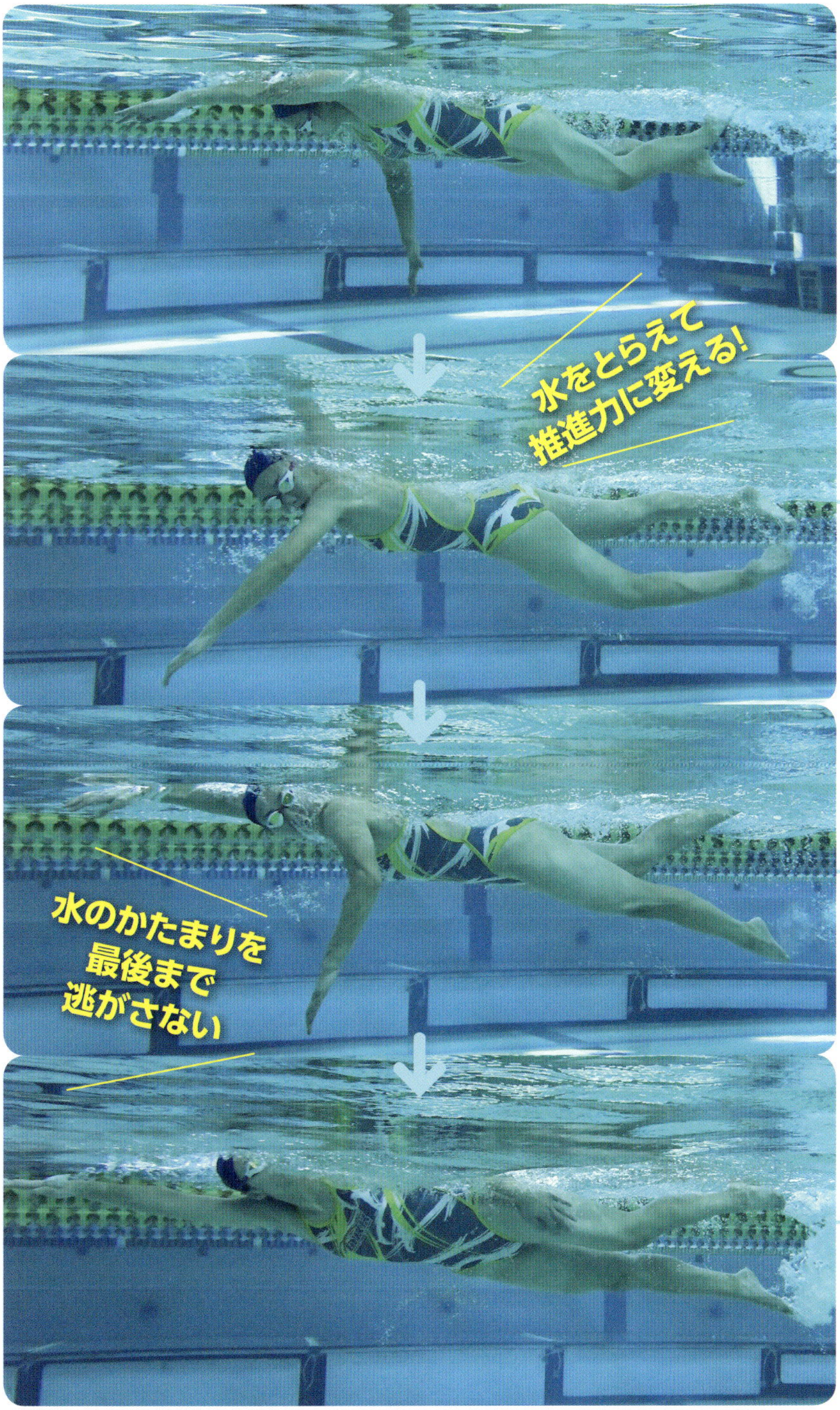
水をとらえて
推進力に変える!
水のかたまりを
最後まで
逃がさない

1

できるだけ大きく泳ぐことを心がけ、腕は遠くへ入水します

2

手の平で水を感じながら、腕全体でたくさんの水をつかまえます

3

腕から下全体を使って水のかたまりをおへその前へ集めます

4

太ももの横へ向けて思い切り水を押し出しましょう

STEP 8 前呼吸ビート板

STEP8から第2段階のスタートです。ここからは、呼吸動作のマスターを目指します。
まずはビート板を使って前呼吸の動作を入れながら泳いでみましょう。
水中で息を吐き切ってから顔を上げます。

1

ビート板を持ちキックで進みます。水中で鼻から「ムー」と息を吐きましょう

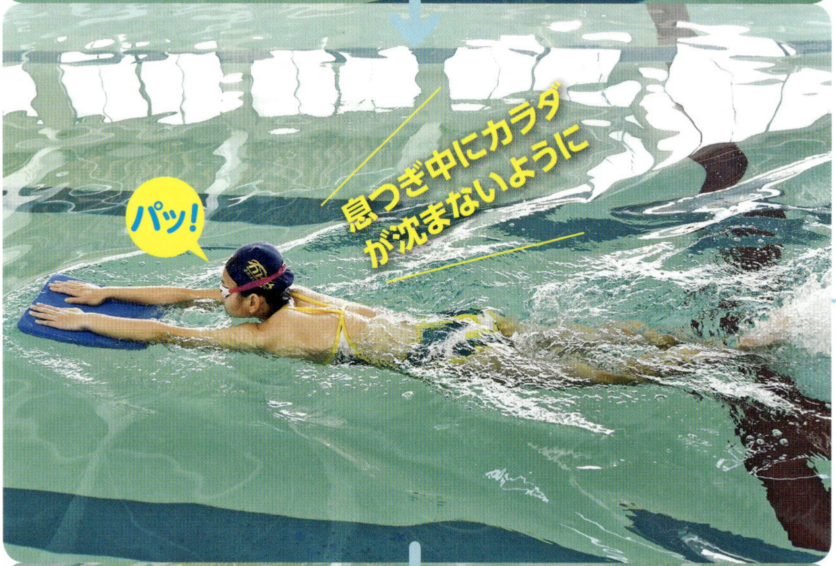

2

息を吐き切る前に顔を出して「パッ!」と息を吐き切り、そのあとに息を吸います

3

再び顔を水中に戻します。キック動作を止めずに続けましょう

STEP 9 壁つかみ横呼吸

前呼吸で進めるようになったら、横呼吸の練習をはじめます。
横呼吸のポイントは、頭のつむじが肩の上に触るぐらいまで首を回すことです。
この形ができれば、鼻に水が入ったり水を飲むことがなくなります。

1

壁に手をついて水中で鼻から「ムー」と息を吐く

2

つむじが肩の上に触るぐらいまで首を回して「パッ」と息を吸う

※この段階では、左右やりやすいほうの息つぎでOKです

Point 首の可動域

つまずきがちな横呼吸

大人になると首の筋肉がこり固まってしまい、首をスムーズに回すことができなくなるものです。しかし、焦る必要はありません。いろいろな泳ぎ動作に挑戦しながら、徐々に首の可動域を広げていきましょう。

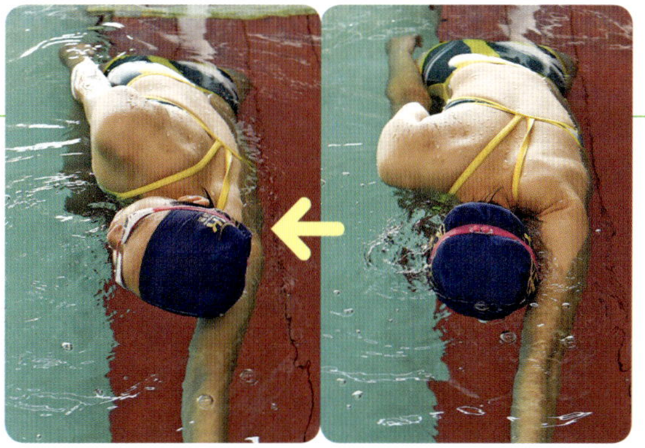

STEP 10 片手伸ばし横呼吸

立った状態で横呼吸の姿勢をマスターできたら、
実際に水中での息つぎ動作に挑戦してみましょう。ストローク動作は入れずに、
ビート板を使ってキックで進みながら横呼吸をくり返します。

1

片手でビート板をおさえてキックで進みましょう。もう片方の手は体側につけます

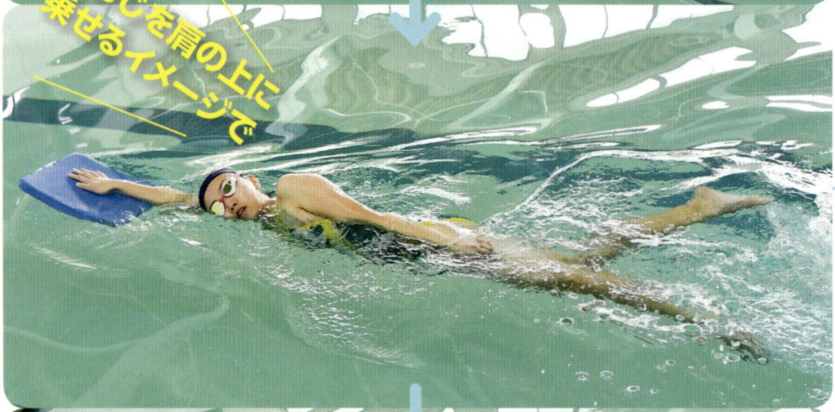
つむじを肩の上に
乗せるイメージで

2

ゆっくり首を回して息つぎをします。キックを止めないように注意しましょう

3

顔を水中に戻します。プールの床に目線がくるように真下を向きましょう

Point
横呼吸の練習

うまくできないときは補助具を使いましょう

まだ首を回しづらいという人や、うまく息つぎができない人は腰に「ヘルパー」と呼ばれる補助具をつけて行なってみましょう。水中でカラダが浮きやすくなるので、無理なく呼吸動作を行なうことができます。

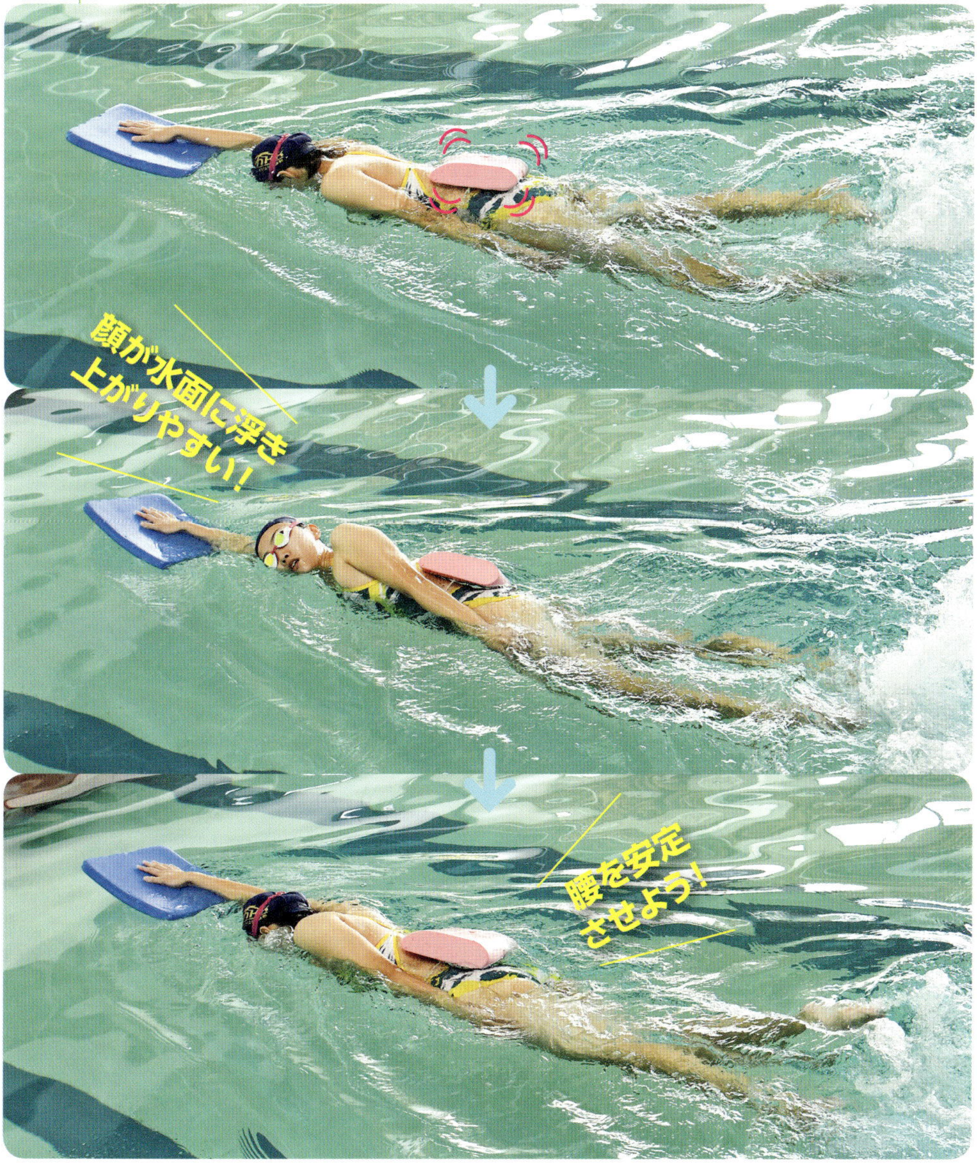
顔が水面に浮き上がりやすい！
腰を安定させよう！

STEP 11 手と呼吸を合わせる

横呼吸の感覚を水中でもつかめたら、ストロークと呼吸のタイミングを合わせる練習にとり組みましょう。まずは壁に手をついた姿勢からスタートします。

パッ!
2回に1回呼吸動作を入れる

1 両手をまっすぐ伸ばして壁に手をつきます

2 水をおさえながら顔を横に回しはじめます

3 ぐっと水をかきながら「パッ!」と息つぎをします

4 肩から大きく腕を回してリカバリー

5 肩が耳の上にきたら顔を水中へ戻しはじめます

6 腕を前へ戻しながら顔は真下へ向けます

STEP 12 ワンハンド横呼吸

次は、泳ぎながらストロークと息つぎのタイミングを合わせましょう。
まずはビート板を使って片手のストロークで行ないます。
あわてず「イチ・ニー」とカウントし、2回目の「ニー」のかきで息つぎを合わせましょう。

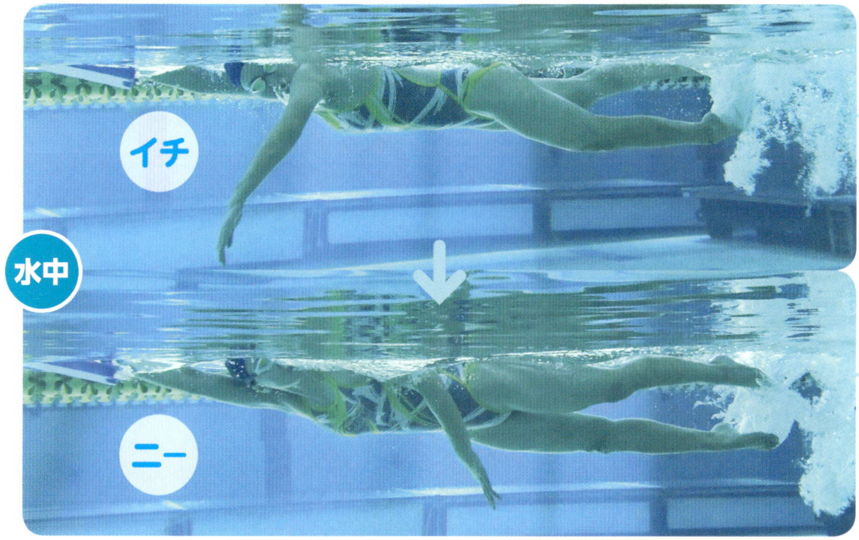

1

「イチ・ニー」の「イチ」で水をしっかりとかきましょう

2

「ニー」のタイミングに合わせて顔を真横へ向けて「パッ!」と息つぎをします

1

息つぎをするときにカラダが力まないように注意しましょう

2

耳の上に肩がくるタイミングで顔を水中へ戻します

STEP 13 前合わせコンビネーション

両手はまっすぐ
頭の上に伸ばす

1

顔は真下に向けた状態でストリームラインを意識しましょう

2

水をおへそに集めるイメージでストロークします

パッ!

3

水をかきながら首を回転させて顔を真横へ向けましょう

4

呼吸動作を入れるのは2回ストローク(右・左)で1回が基本です

いよいよ第2段階の仕上げです。呼吸付きの前合わせクロールを行ないましょう。
ここまでに練習をしてきた、ストロークと呼吸のタイミングを合わせることを
意識しながら、ゆっくりとのびのび泳ぎましょう。

1

カラダが沈まないように適度にリラックスしてキックを打ちます

2

頭の上で手を合わせた状態からカウントをはじめます

3

「イチ」で水をかきはじめましょう。肩から大きく回します

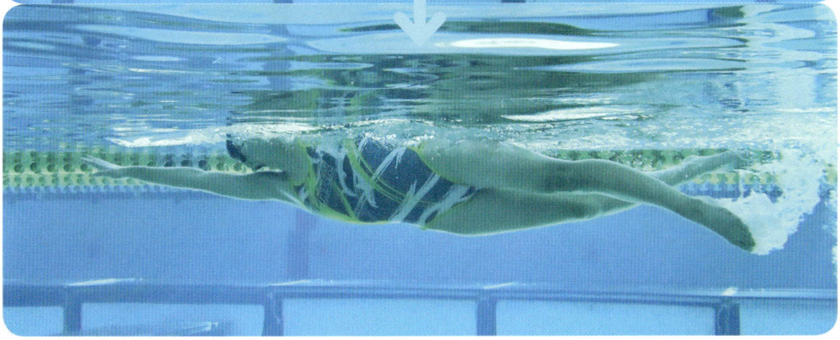

4

「ニー」のタイミングで息つぎをしましょう。手が沈まないように注意！

STEP 14 ブイ・けのび

ここでは「浮く感覚」をつかむための練習に挑戦しましょう。
陸上と水中の一番の違いは浮力があることです。浮く感覚に慣れることができれば、
クロールだけでなくあらゆる泳ぎを楽しむことができます。

ブイをつけてカラダをまっすぐに伸ばして浮く

ブイをつけて浮くと足の位置が高く上がるので「転覆しそう……」という恐怖心を感じるかもしれません。ですが、これが理想的な重心の位置だということを覚えましょう

ココに注意！

重心のズレを理解する

陸上と水中では重心の位置が異なります。けのびをしながら正しい重心の位置をカラダに覚えさせましょう。ストリームラインが崩れないように注意します

STEP 15 ブイ・キック

重心の正しい位置を理解できたら、同じようにブイをつけたままキックで前に進みます。
ブイがあると、通常よりも浮力が高まり進みやすくなります。
小さなキックの幅でもスムーズに進むことを実感できるはずです。

キックの幅を意識しながら進む

力いっぱい大きくキックを打つと、カラダがブレてしまいうまく進むことはできません。
「これぐらいのキック幅で良いんだ!」と気づけることが大切です

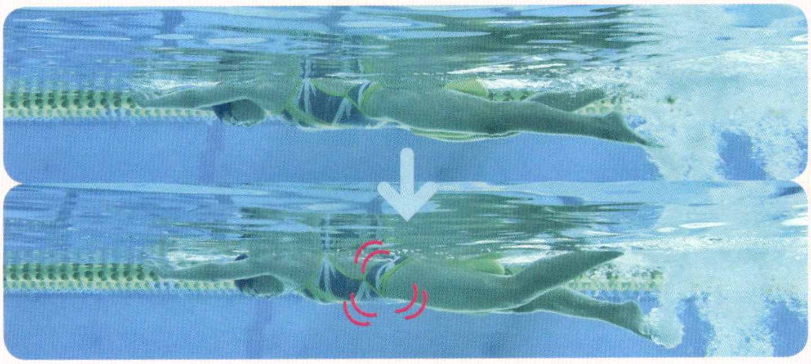

ココに注意！

股関節から動かしてキック

キックを打つときにヒザが大きく曲がってしまうと水中で抵抗を受けてしまい、ブイをつけていても進みが悪くなってしまいます

STEP 16 ブイ・前合わせクロール

今度はブイをつけたまま前合わせクロールを行なってみましょう。
呼吸動作は入れずに、ストローク動作だけで進みます。
バランスがとりづらいと感じるかもしれませんが、焦らずにゆったりと泳ぎます。

バランスをとりながら
ゆったり泳ぐ

1

頭の上で両手を合わせてストリームラインをとりましょう

2

水の流れに身を任せるイメージでゆったりとストロークします

3

正しい重心の位置を意識しながら息が続くところまで泳ぎます

STEP 17 ブイ・コンビネーション

第3段階の仕上げに、ブイをつけたまま両手のストロークを少しズラしながら泳いでみましょう。
片方の手が水中に戻ってくるタイミングに合わせて、
もう片方の手で水をかきはじめます。

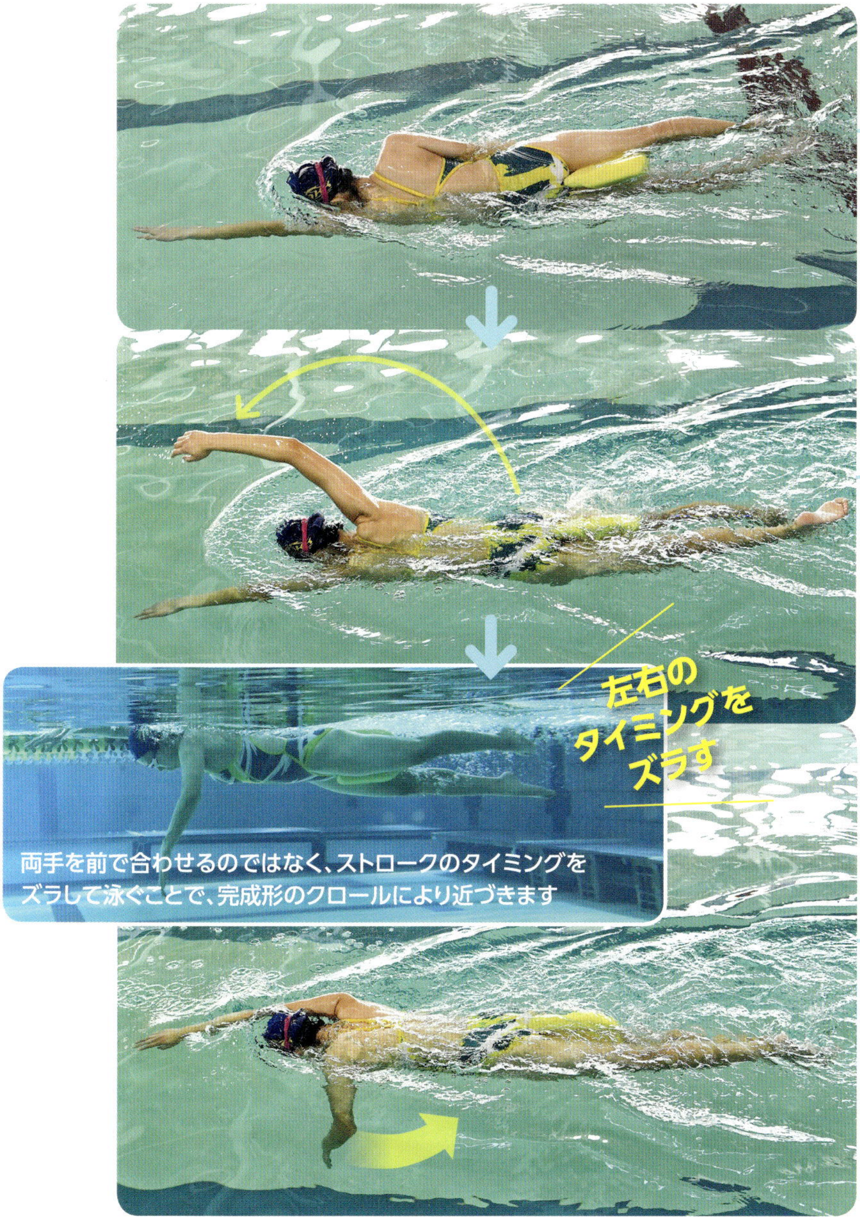

両手を前で合わせるのではなく、ストロークのタイミングをズラして泳ぐことで、完成形のクロールにより近づきます

1

キックを入れずにストロークだけで進みます。顔は真下に向けましょう

2

肩を大きく回してリカバリーします。バランスに注意して、もう片方の手を動かしはじめましょう

3

片方の手が入水したらすぐさま水をかきはじめましょう

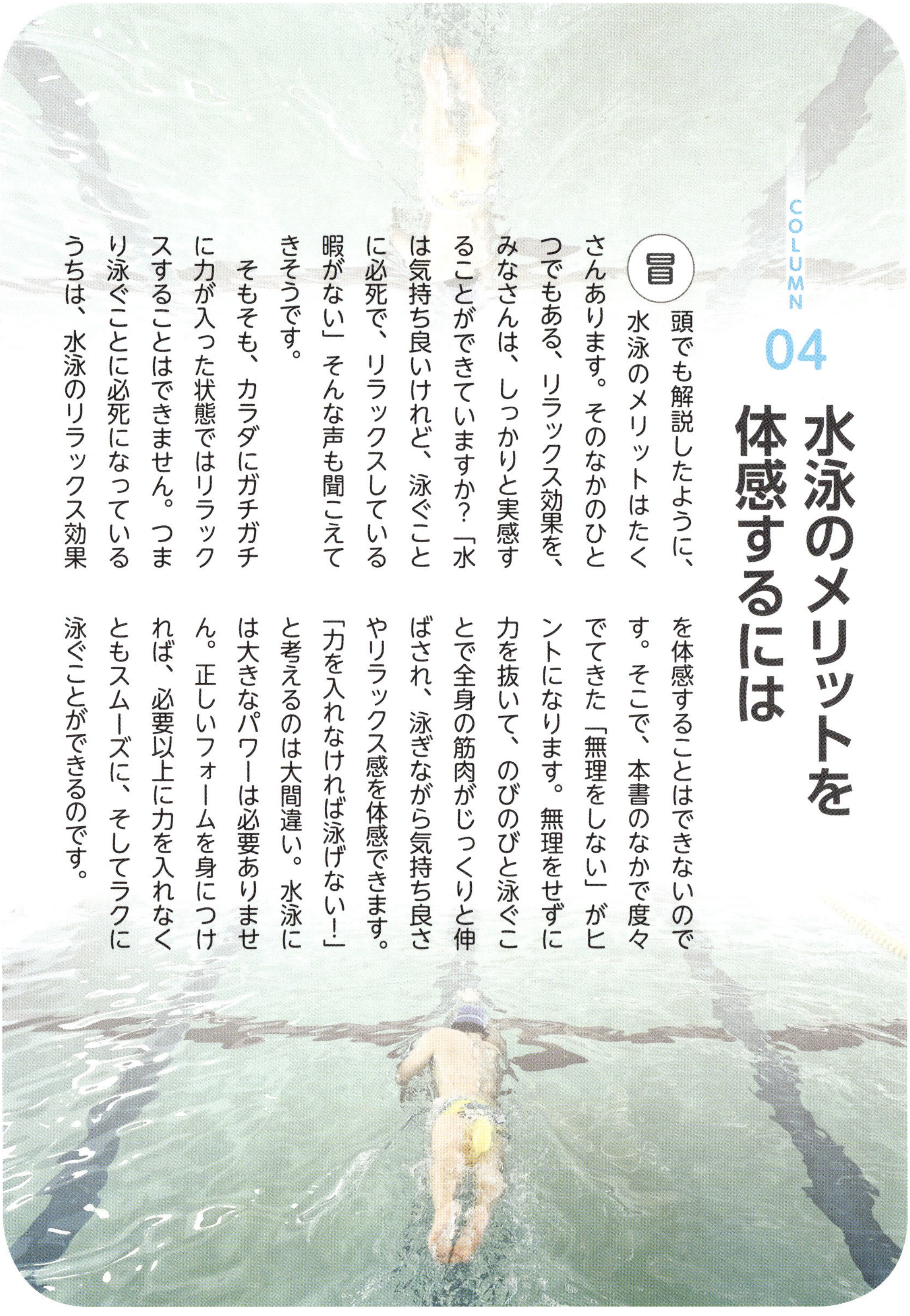

COLUMN 04

水泳のメリットを体感するには

冒頭でも解説したように、水泳のメリットはたくさんあります。そのなかのひとつでもある、リラックス効果を、みなさんは、しっかりと実感することができていますか？「水は気持ち良いけれど、泳ぐことに必死で、リラックスしている暇がない」そんな声も聞こえてきそうです。

　そもそも、カラダにガチガチに力が入った状態ではリラックスすることはできません。つまり泳ぐことに必死になっているうちは、水泳のリラックス効果を体感することはできないのです。そこで、本書のなかで度々でてきた「無理をしない」がヒントになります。無理をせずに力を抜いて、のびのびと泳ぐことで全身の筋肉がじっくりと伸ばされ、泳ぎながら気持ち良さやリラックス感を体感できます。「力を入れなければ泳げない！」と考えるのは大間違い。水泳には大きなパワーは必要ありません。正しいフォームを身につければ、必要以上に力を入れなくともスムーズに、そしてラクに泳ぐことができるのです。

Chapter 5

背泳ぎ

4泳法にチャレンジしよう!

あお向けで泳ぐ背泳ぎは、正しいストロークとリラックスして泳ぐコツさえ身につけてしまえばとても簡単です。泳ぎの練習をしながら、肩回りの運動機能改善効果も期待できる泳法です。

4泳法のなかで唯一あお向けで泳ぐ

クロールと「逆さまの動き」をするだけでOK

クロールの練習と並行して行なう

背泳ぎは、あお向けの姿勢になってクロールと逆の動きを行ないます。ですので、呼吸なしのクロールができるようになったら、クロールの練習と並行して背泳ぎの練習もはじめてみましょう。思っているよりもスムーズに泳ぎになじめるはずです。泳いでいるときはストローク動作が見えないので、陸上練習で正しい動かし方を身につけることが大切です。

どんな流れで進める？
練習ステップ早見表

イントロ

まずはココからスタート！

背浮きとキックで感覚をつかむ

具体的な練習をはじめる前に、まずは背浮きキックで背泳ぎで進む感覚を身につけます

STEP 1　STEP 2

第1段階

腕の使い方を学ぼう

ストローク動作をチェック

陸上でストローク動作を確認したり、腕の動きだけで水中を進んでみましょう

STEP 3　STEP 4　STEP 5　STEP 6

第2段階

キックの技術を高めよう

キック動作をチェック

泳ぎに慣れてきたら、より推進力を得られるようにキックのテクニックを磨きましょう

STEP 7　STEP 8

第3段階

実際の泳ぎに近づけてみよう

ストローク技術を高める

陸上で両手ストロークの動作を確認したり、キックとタイミングを合わせる練習を行ないます

STEP 9　STEP 10　STEP 11　STEP 12

STEP 13　STEP 14　STEP 15

お手本の泳ぎをチェックしてみよう!
～背泳ぎ編～

泳ぎの動画をチェック!

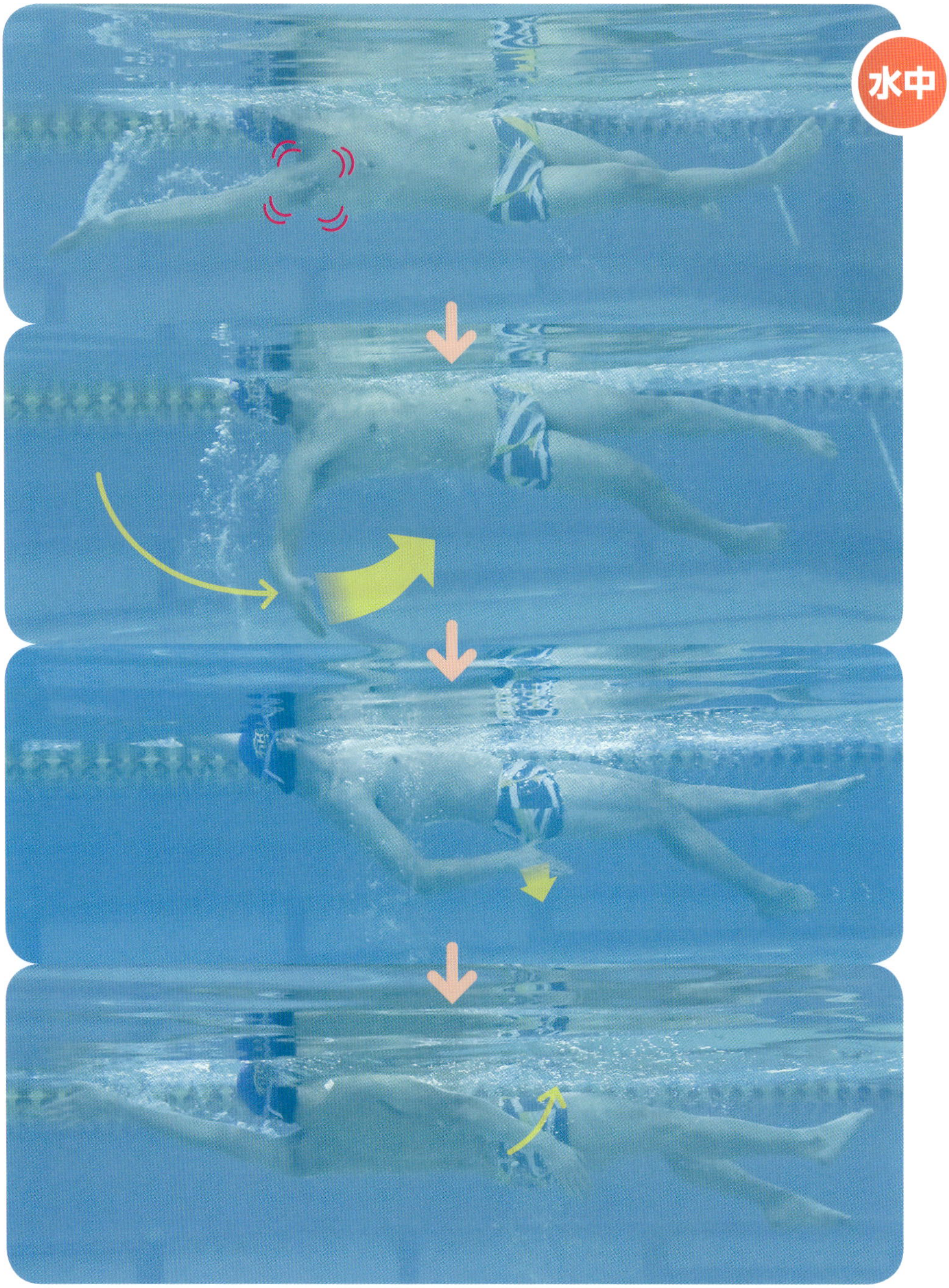

**背泳ぎでは、肩甲骨を動かして、大きく腕を回し推進力を得ることがポイントです。
カラダが沈んでしまうという人は、背浮きキックやキック技術の練習を通して、
浮く感覚を身につけましょう。**

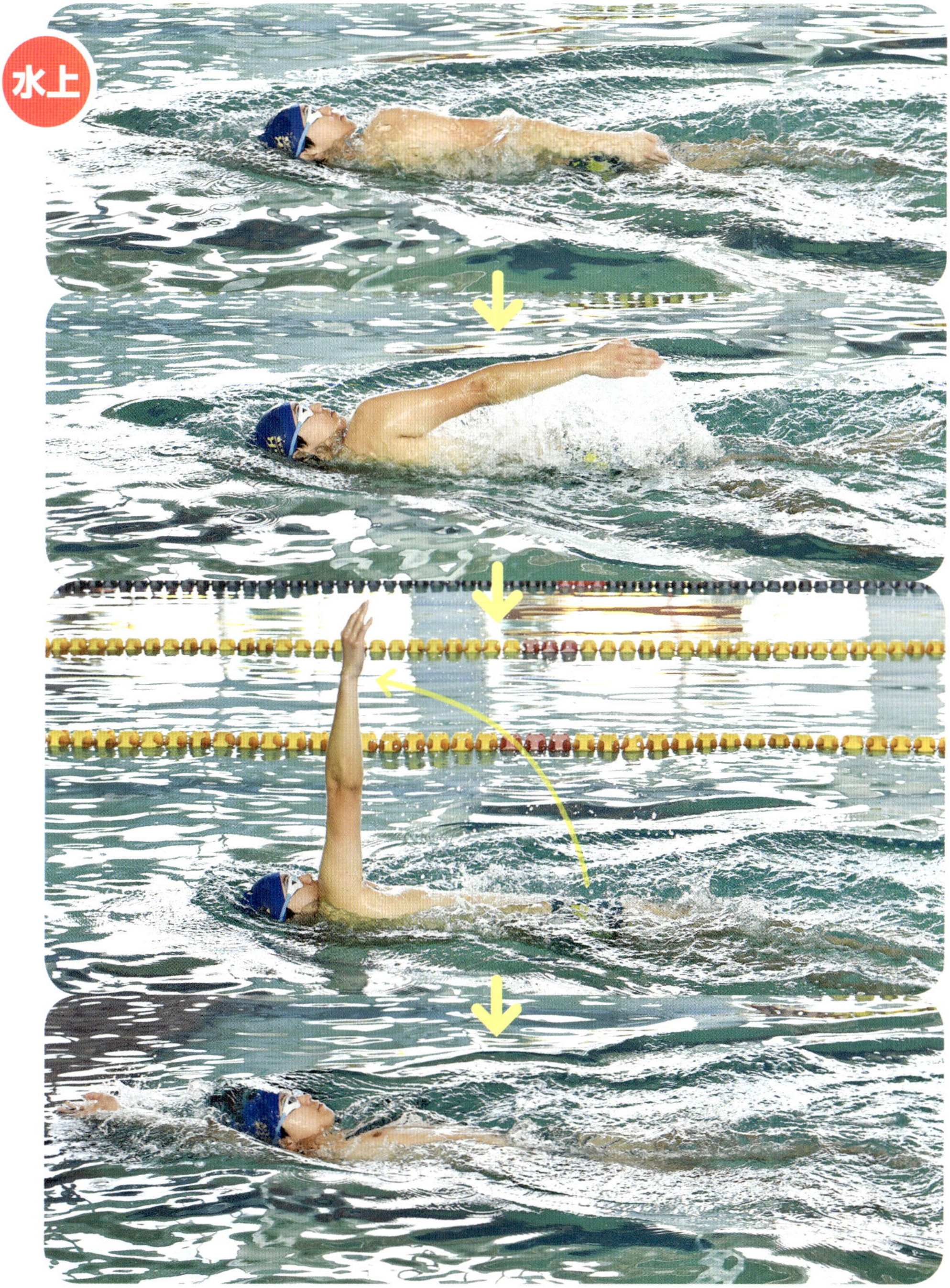

STEP 1 腰掛けキック

まずはプールサイドに腰掛けてキックの感覚を身につけましょう。
両手をカラダの後ろにつき、ヒザから下を水の中に入れて連続でキックをします。
ヒザを軽く伸ばして股関節から動かすことを心がけましょう。

ココに注意!

NG

ヒザを曲げすぎると水を正しく蹴れない

ヒザを曲げすぎるとうまく水をとらえることができないので注意しましょう

カラダを起こして
背中をまっすぐに!

泳ぎをイメージしやすいように、できるだけカラダをまっすぐにして、背泳ぎの姿勢に近づけた状態で行ないます

STEP 2 背浮きキック

続いて、あお向けで浮いた状態から背浮きキックを行ないましょう。
頭が沈まないようにアゴを引き、目線をやや手前側に向けるのがポイントです。
両手はワキをしめてカラダの横で固定します。

腰掛けキックの練習を思い出しながら、あお向けでキックをくり返します。足が沈まないように注意しましょう

耳が水面ギリギリの
位置にくるように

STEP 3 陸上で片手ストローク

キックの感覚をつかめたら、次は、陸上でストロークの練習に挑戦しましょう。
まずは、片手ずつ正しい動きを確認します。
2拍子でスムーズにストロークできるようになりましょう。

Point 片手ストロークのコツ

2拍子でストロークする

「イチ」で腕がカラダの中心（肩がアゴの前にくる）に伸びてくるように肩を回して耳の後ろにくっつけます。「ニー」で水をおさえるイメージを持ちながら、腕全体で大きな水のかたまりをとらえるようにストロークし、ワキを締めていきます。

STEP 4 片手ストローク

陸上でストローク動作を確認したら、今度は同じ動きを水中でも行なってみましょう。壁を蹴って推進力を得たら、「イチ・ニー」のリズムで片手でストロークします。

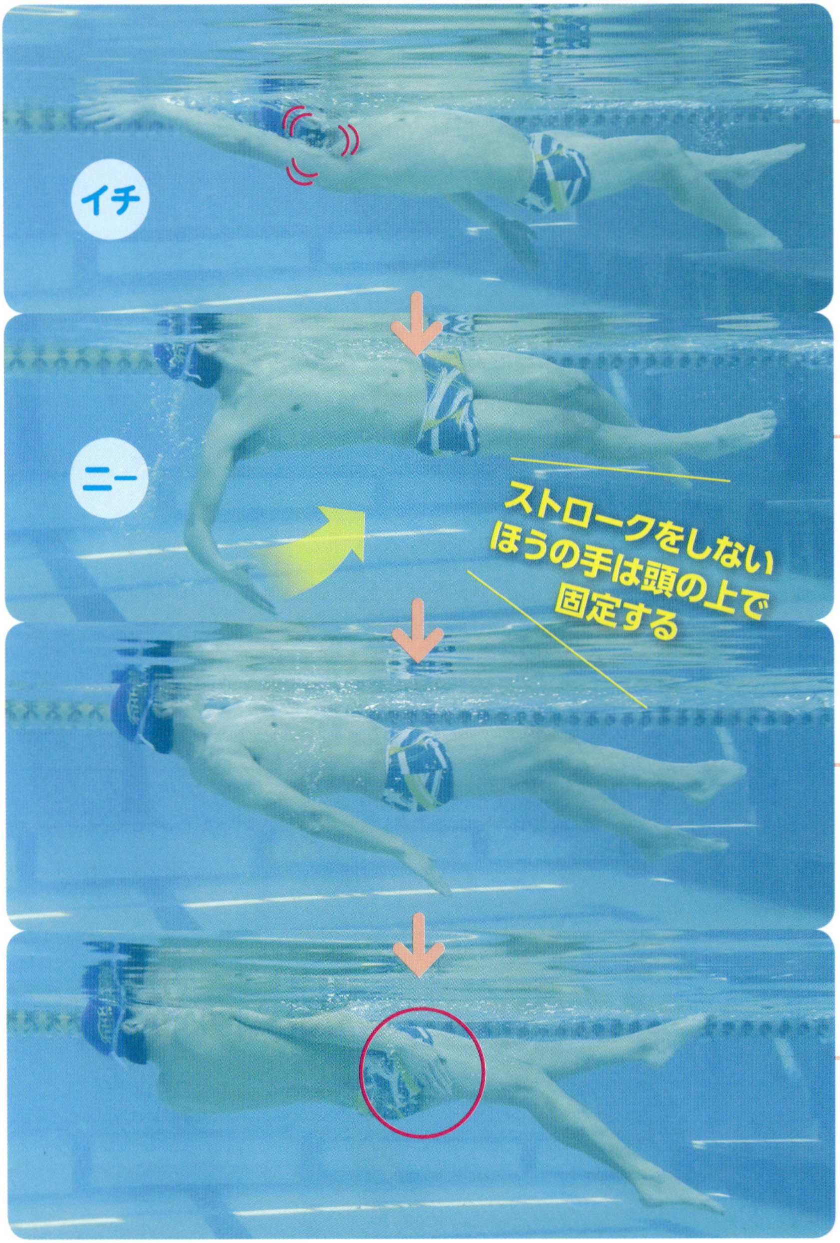
イチ
ニー
ストロークをしないほうの手は頭の上で固定する

1

小指を後方へ向け、腕で耳の後ろを触ってから静かに入水させましょう

2

大きな水のかたまりをとらえるイメージで腕全体で水をかきます

3

ワキをしめてお尻の下に向けて水を押し切りましょう

4

小指を後ろに向けたままリカバリー（手を水面に出す）へとつなげます

STEP 5 陸上でコンビネーション

片手ストロークをマスターしたら、
両手のコンビネーション技術を身につける練習を行ないます。はじめは
「イチ・ニ」（右・左または左・右）のタイミングで、単純にストロークする手をチェンジしましょう。

Point
コンビネーションのコツ

手が目の前に来たら入れ替える

片腕が真上に、逆の腕が目の前にあるポジションから、単純に「イチ・二」のタイミングでストロークし、腕をチェンジしていきます。

STEP 6 ストロークドリル

1

片手を上に伸ばした状態でキックを打って進みましょう

2

小指から静かに入水させて、しっかりと水をキャッチします

腕の動きを
止めずに
くり返す

3

片方の手が斜め 30 度ぐらいまで来たら、もう片方の手で水をつかみます

4

水を押し切るタイミングでリカバリーから水中へ手を戻します

第1段階の仕上げとなるストロークドリルです。
陸上で練習したコンビネーションの動きを実際に水中でも行なってみましょう。
片方の手が斜め30度ぐらいの位置に来たタイミングでチェンジしましょう。

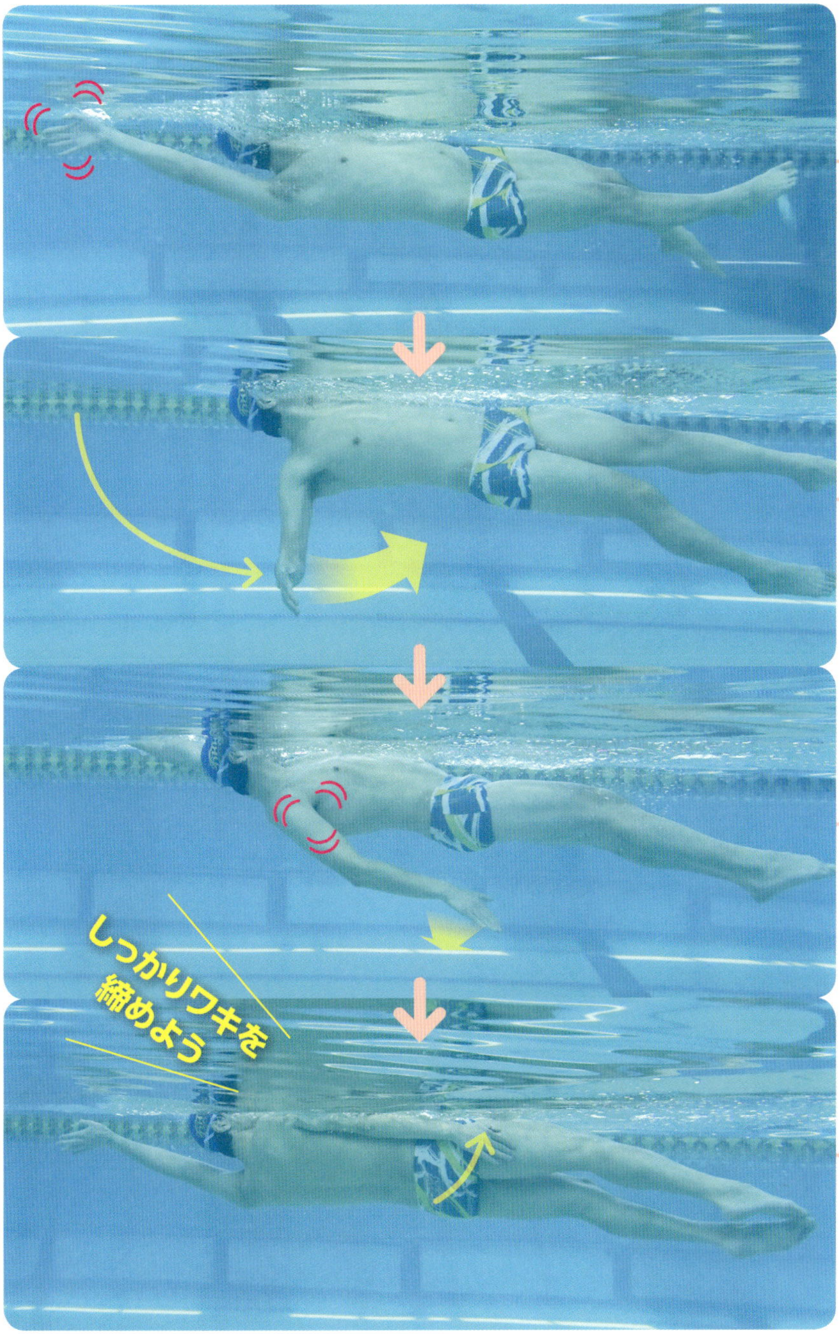

1

水しぶきがあがらないようにソフトエントリーを心がけます

2

肩を回して腕全体で水のかたまりをとらえましょう

3

ワキをしめてお尻の下に向けて水のかたまりを押し出します

4

水を押し切ったら太ももを触ってリカバリーにつなげましょう

STEP 7 グライドキック

背泳ぎに慣れてきたらキックの技術を高めるドリルに挑戦しましょう。
両手を頭の上に伸ばしてストリームラインをとり、キックの推進力だけで前に進みます。
上半身が沈まないように注意しましょう。

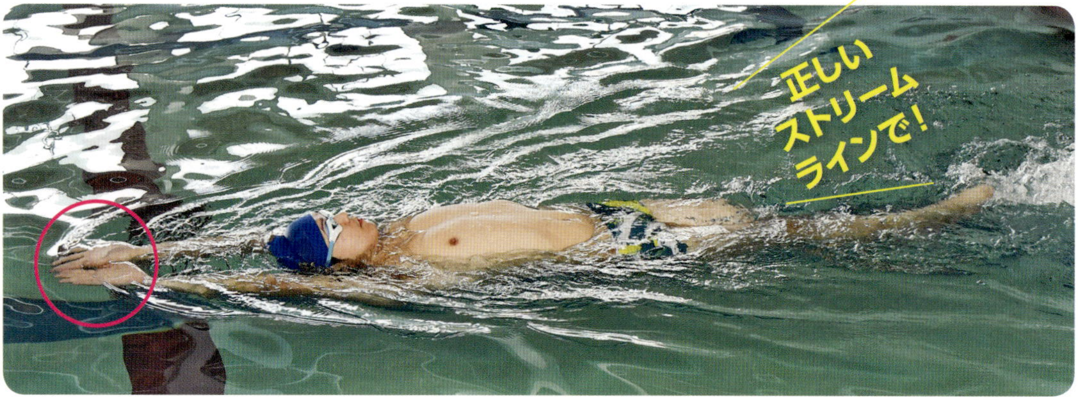
正しい
ストリーム
ラインで！

両手を頭の上に伸ばしたままキックをします。肩まわりの筋肉がこり固まっている人や普段の姿勢が悪い人などは、とくに意識して正しい姿勢を心がけましょう

STEP 8 ワンハンドキック

次に、片手を上に伸ばしたままキックで進む練習にとり組みます。
右手、左手どちらの手でも行ないましょう。
小指を下に向けて、耳にぴったりと腕をつけた状態をキープしながら行ないます。

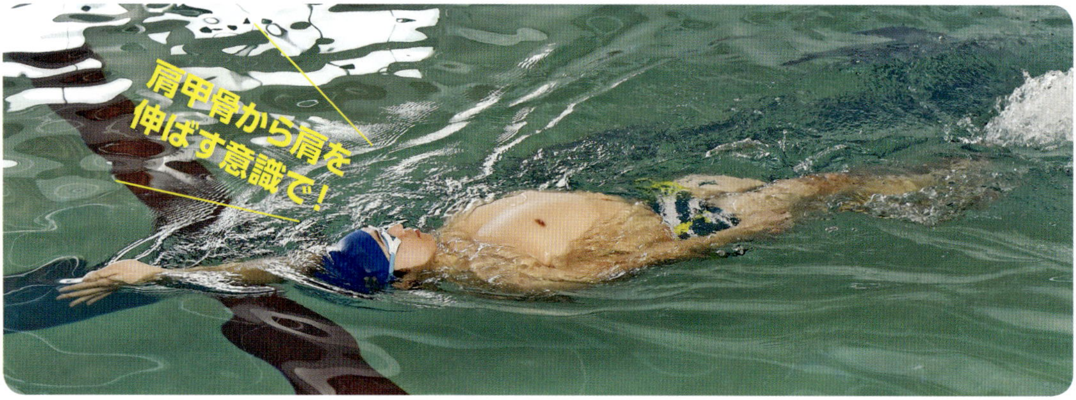
肩甲骨から肩を
伸ばす意識で！

手をまっすぐ伸ばすというよりも、肩甲骨を伸ばす意識で手を真上に伸ばすと良いでしょう。ドリルをくり返すことで肩まわりの可動域を広げることができます

STEP 9 陸上で両手ストローク

次はストローク技術を高める練習です。陸上で両手同時にストローク動作を行ないましょう。肩甲骨を上げて耳の後ろまで手を伸ばしたら、ぐっと力を入れて水をおさえワキを締めます。

Point 両手ストロークのコツ

背泳ぎの動作は目視できないから……

背泳ぎは他の泳ぎと違ってあお向けで泳ぐため、ストローク動作を目視することができません。そのため陸上練習で感覚をつかむことが大切です。陸の上でも水中で水をかくように、ポイントを意識して、正しいストロークができるようになりましょう。

STEP 10 陸上でフィニッシュ練習

背泳ぎの特徴は、フィニッシュで水を押し込む動作があることです。そのため、陸上での補強運動を行ないながら、フィニッシュ時の効率の良い腕の使い方をマスターしましょう。

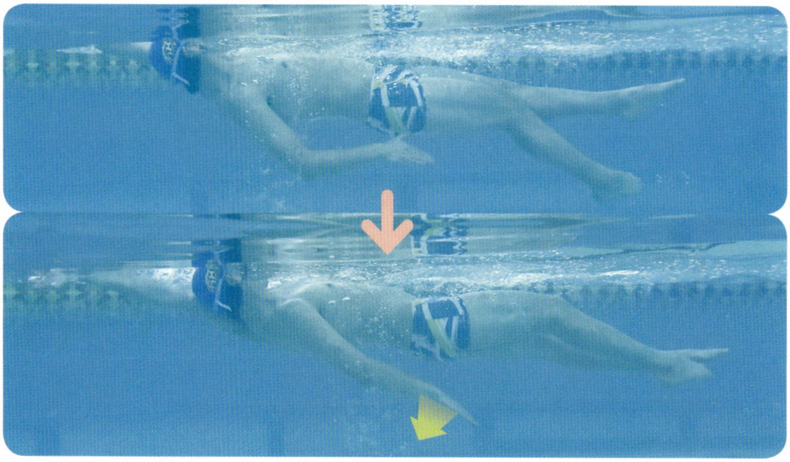

フィニッシュで床に向けて水を押し込む

背泳ぎはあお向けで泳ぐため、水をとらえたら真下へ水を押し出すことで推進力を得ます。この腕の使い方を陸上で練習しましょう

1 両手で後ろの壁をつかみ足を伸ばして座ります。胸を張りましょう

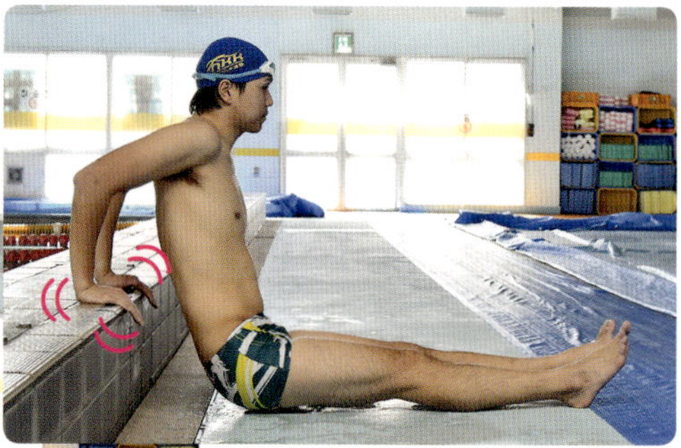

2 顔は正面に向けたまま両手に力を入れてお尻を持ち上げます

3 フィニッシュ動作をイメージしながらヒジをまっすぐに伸ばします

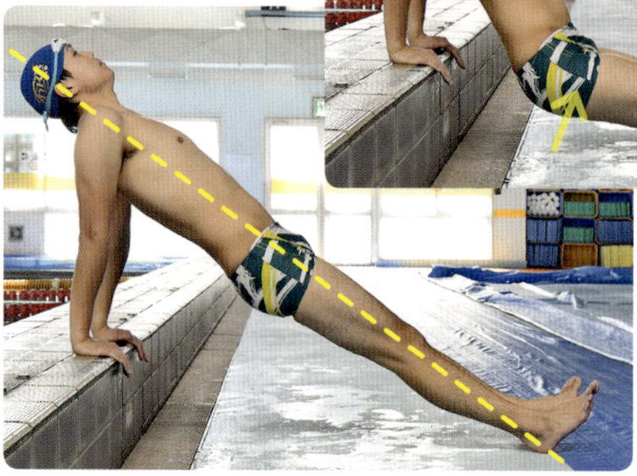

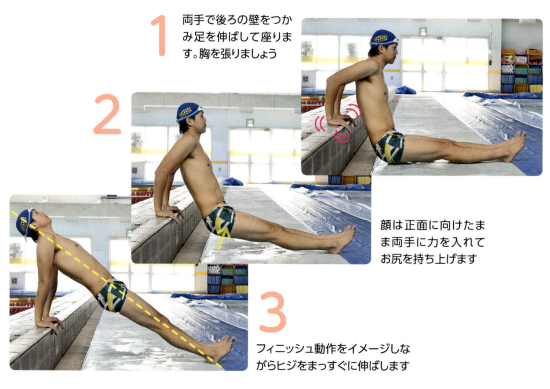

STEP 11 ダブルオーバー

STEP9で練習した両手ストロークを水中で行ないます。
肩を大きく回し、肩甲骨を持ち上げるイメージで腕を伸ばして入水させましょう。
左右の動きがバラバラにならないように注意します。

1 体側にあった両手を同じタイミングで動かしましょう

2 両手を斜め 30 度の位置へ持ち上げましょう。キックはリズミカルに打ち続けます

3 小指を後ろに向けることを忘れずに、両手同時に静かに入水させましょう

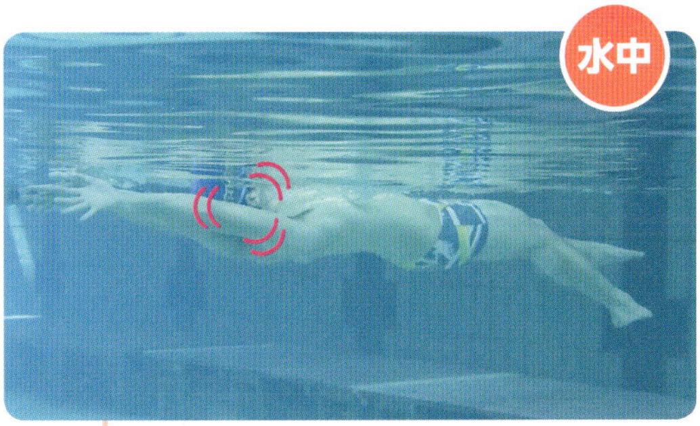

4 両手をまっすぐに頭の上に伸ばし、耳の後ろにぴったりとくっつけましょう

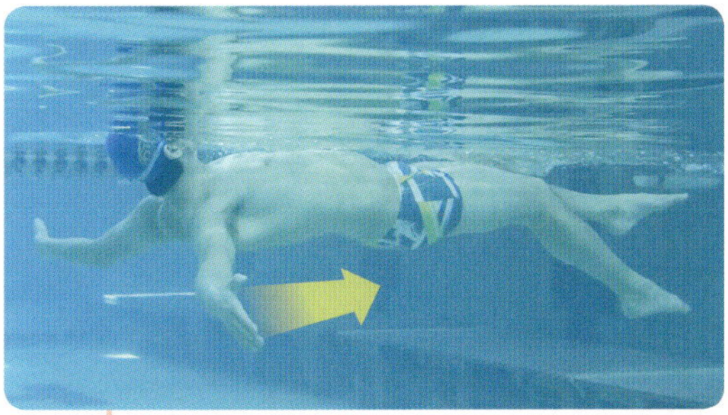

5 肩甲骨を動かして、両手で水をとらえてぐっとおさえます

6 STEP10 の陸上練習を思い出しながら、力強く水を押し込みましょう

STEP 12 ワンハンドストローク

ストローク技術をより高めるために、片手ずつのストロークを行ないます。
気をつけ姿勢のワンハンドストロークとの違いは、
ストロークしないほうの手を頭の上に伸ばしたまま行なう部分です。

1 片手を頭の上に伸ばしたまま、もう片方の手でストロークをはじめます

2 バランスを崩さないように同じリズムでキックを打ち続けましょう

3 顔の正面から耳の後ろへ肩を大きく回して静かに入水します

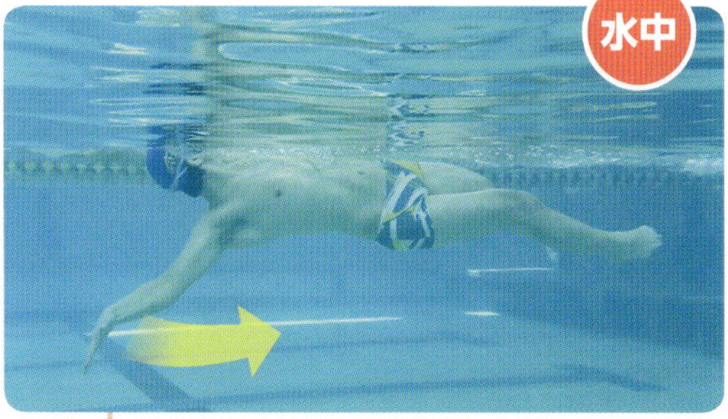

4 入水後はすぐさま水をとらえて腕全体を使って水をかきましょう

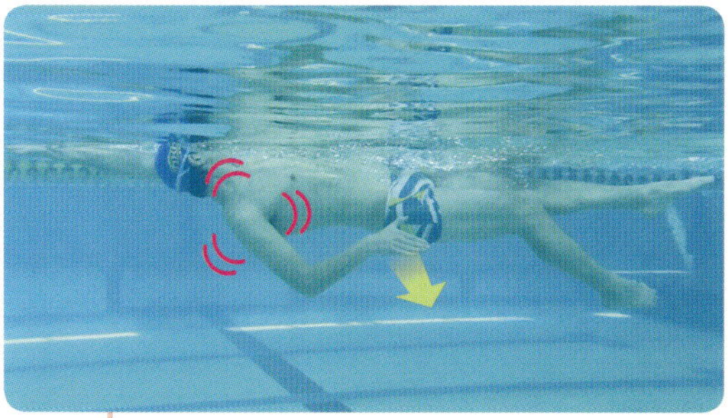

5 ワキをピッタリと締めて、とらえた水をお尻の下に集めます

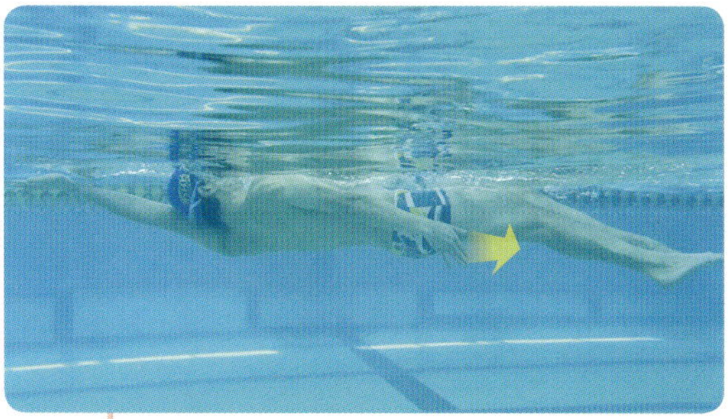

6 お尻の下から足下へ向けて水のかたまりを押し出しましょう

STEP 13 片手上げワンハンドストローク

片方の手は天井に向けた状態を維持し、
もう片方の手でストローク動作を行ない前に進みます。
手を挙上したままストロークを行なうのでより正確なストローク動作が求められます。

1

挙上している手は、斜め30～35度ぐらいの角度になるようにやや前方へ倒します

2

ストロークする手と挙上したままの手を水上で合わせましょう

3

手を入れ替えずに片方の手を入水させてストローク動作を続けましょう

STEP 14 キックカウントスイム

ストロークとキックのタイミングを合わせるための練習ドリルです。
ストロークの効率を良くすることができます。
5回キックを打ち6回目のキックに合わせてストロークする手をチェンジしましょう。

片手を上に伸ばしたまま5回キックする

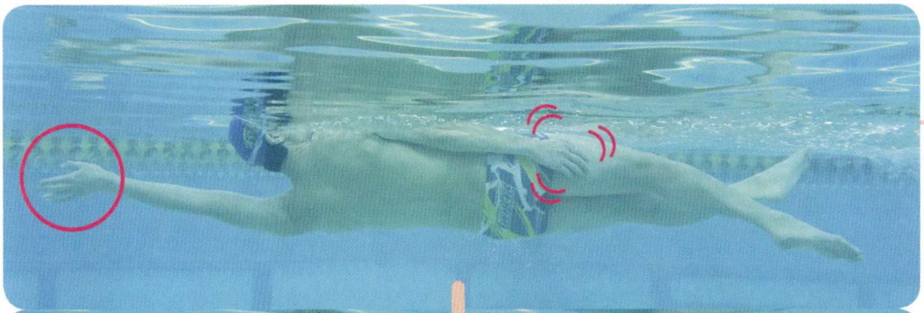

1

片方の手をまっすぐに頭の上に伸ばし、もう片方の手は体側にくっつけましょう

2

ヒザが曲がらないように注意しながら、股関節から動かして5回キックをくり返します

6回目のキックにあわせてストローク開始

3

キックに合わせて頭の上に伸ばしている手で水をかきはじめます

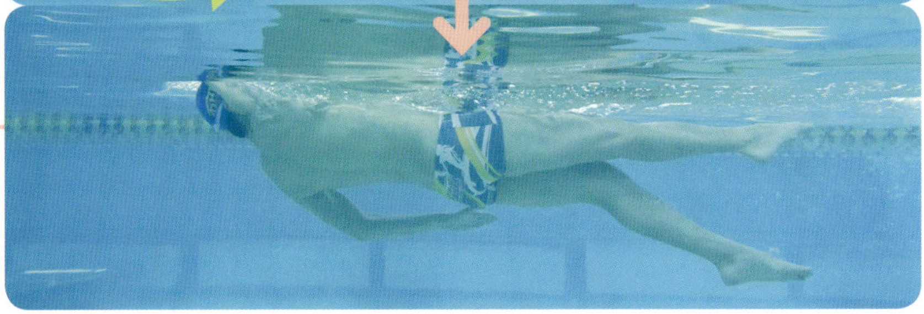

4

フィニッシュと同時に体側につけていたほうの手を静かに入水させましょう

STEP 15 ヘッドアップストローク

背泳ぎは、テンポ良くストロークを行なうことでスムーズに水中を進むことができるようになります。良いリズムを身につけるためには、上半身を起こした姿勢を維持しながら行なうドリルがとても有効です。

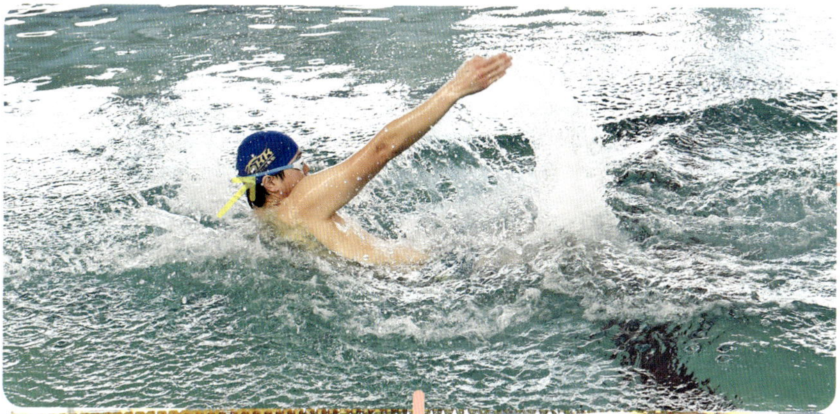

1

背中を曲げずに上体を起こし、45～90度の範囲でヘッドアップします

2

頭の位置が下がらないように注意しながら10ストロークくり返しましょう

3

肩をスムーズに回してストロークのテンポを上げて泳ぎます

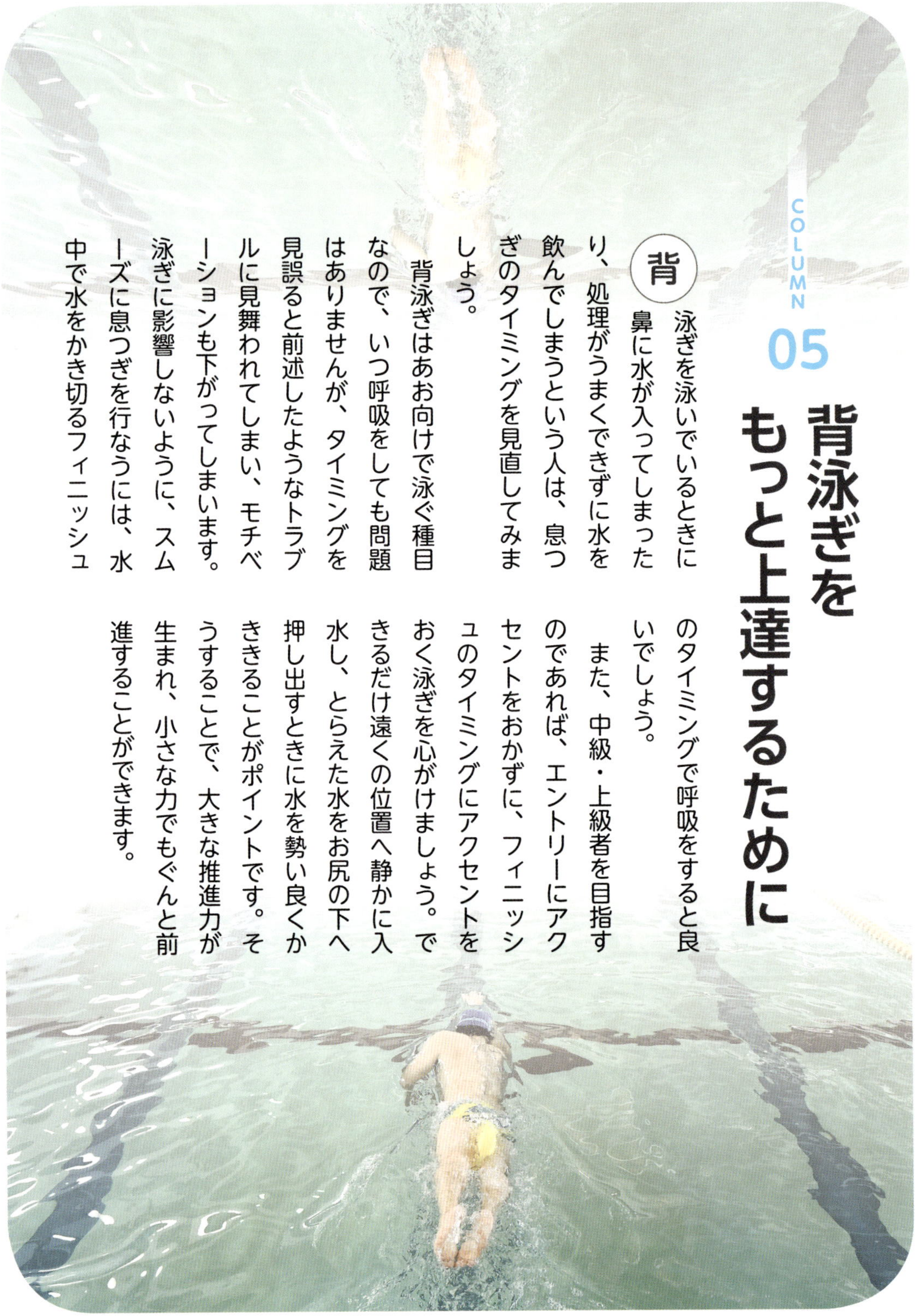

COLUMN 05

背泳ぎをもっと上達するために

背泳ぎを泳いでいるときに鼻に水が入ってしまったり、処理がうまくできずに水を飲んでしまうという人は、息つぎのタイミングを見直してみましょう。

背泳ぎはあお向けで泳ぐ種目なので、いつ呼吸をしても問題はありませんが、タイミングを見誤ると前述したようなトラブルに見舞われてしまい、モチベーションも下がってしまいます。泳ぎに影響しないように、スムーズに息つぎを行なうには、水中で水をかき切るフィニッシュのタイミングで呼吸をすると良いでしょう。

また、中級・上級者を目指すのであれば、エントリーにアクセントをおかずに、フィニッシュのタイミングにアクセントをおく泳ぎを心がけましょう。できるだけ遠くの位置へ静かに入水し、とらえた水をお尻の下へ押し出すときに水を勢い良くかききることがポイントです。そうすることで、大きな推進力が生まれ、小さな力でもぐんと前進することができます。

Chapter 6

4泳法にチャレンジしよう！
バタフライ

初心者にとっては「ハードルが高い」と感じがちなバタフライも、ステップごとに練習を進めていけばすぐに泳げるようになります。怖がらずに、できることから挑戦していきましょう。

感覚をつかめば実は簡単!

簡単な動作からはじめて徐々に完成に近づける

両手と両足の動きが揃うことで進む

難易度が高く上級者の泳ぎというイメージのバタフライですが、ステップごとに練習をしていけば、意外にも簡単に泳げるようになります。背泳ぎと同様に、息つぎなしのクロールができるようになったら挑戦してみましょう。バタフライは両手と両足を同時に動かしながら泳ぎます。手と足のタイミングが合うように練習を進めていきましょう。

どんな流れで進める？ 練習ステップ早見表

イントロ

まずは
ココから
スタート!

ドルフィンキックの練習

まずは水中で両足を一緒に動かすドルフィンキックの練習からはじめましょう

STEP 1　STEP 2　STEP 3　STEP 4

第1段階

腕の
使い方を
学ぼう

ストローク動作をチェック

陸上でストローク動作を確認したら、呼吸なしのバタフライを完成させましょう

STEP 5　STEP 6　STEP 7　STEP 8

第2段階

ストロークに
呼吸動作を
合わせよう

呼吸動作の練習

ビート板を使って前呼吸の練習を行ないストローク動作と合わせてみましょう

STEP 9　STEP 10

第3段階

実際の泳ぎに
近づけて
みよう

キックとストロークを合わせる

キックとストロークのタイミングを合わせる練習にとり組み、バタフライの完成を目指しましょう

STEP 11　STEP 12

お手本の泳ぎをチェックしてみよう!
～バタフライ編～

泳ぎの動画をチェック!

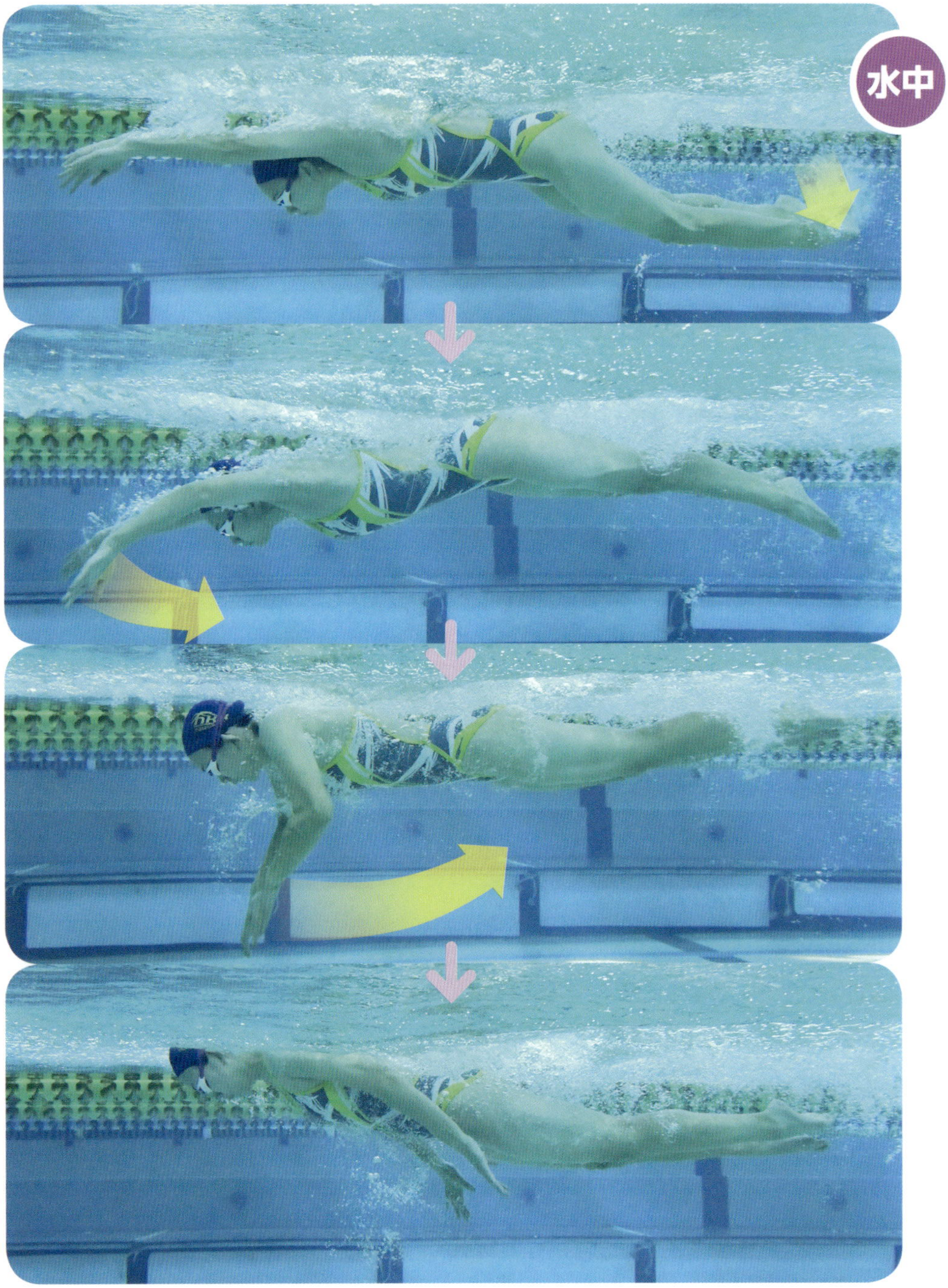

水中の写真をよく見てみましょう。バタフライは
大きくうねりながら進むと思いがちですが、実際はそこまで大きくカラダは動いていません。
手と足のタイミングを合わせることで十分に推進力を得ることができるのです。

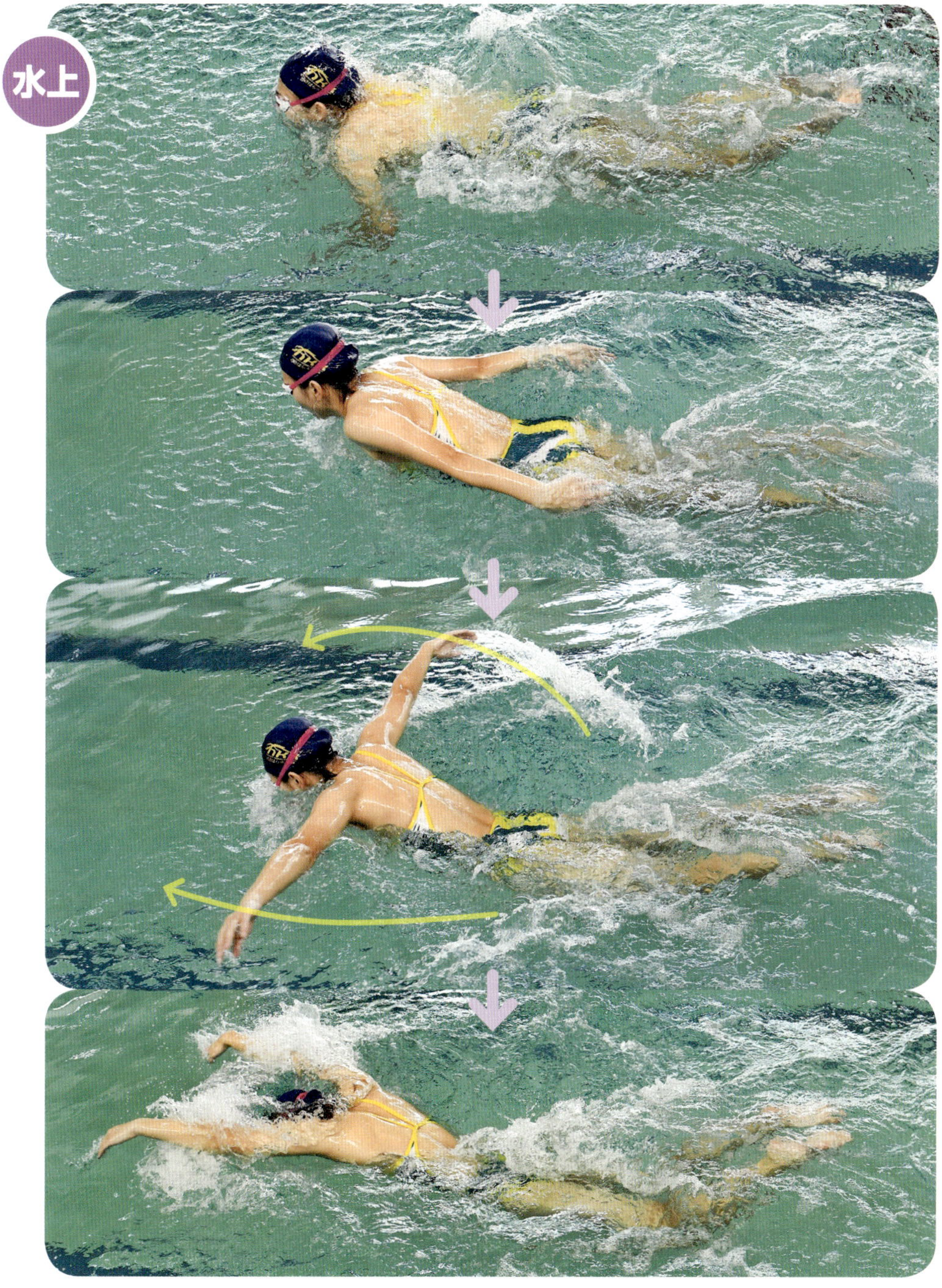

STEP 1 腰掛けキック

バタフライの特徴のひとつに、ドルフィンキックで水中を進むことがあげられます。
そこで、水中で両足を一緒に動かす感覚をつかむために、
プールサイドに腰掛けてキックの練習を行ないましょう。

水中で両足の親指が離れないように注意しましょう。軽くヒザを曲げて水を押すイメージで行ないます

ココに注意！

水中の段差に腰掛けてやってみよう

プールの中に段差があれば、足全体を水中に入れた状態で同じように両足でキックをしてみましょう。ヒザを軽く曲げて水のかたまりをぐっと押し上げます

STEP 2 壁キック

次は壁に手をついた状態でドルフィンキックを行ないます。
壁をつかむときにワキがカラダから離れているとバランスを崩しやすく、
キックを打つときにもグラついてしまいがちなので注意しましょう。

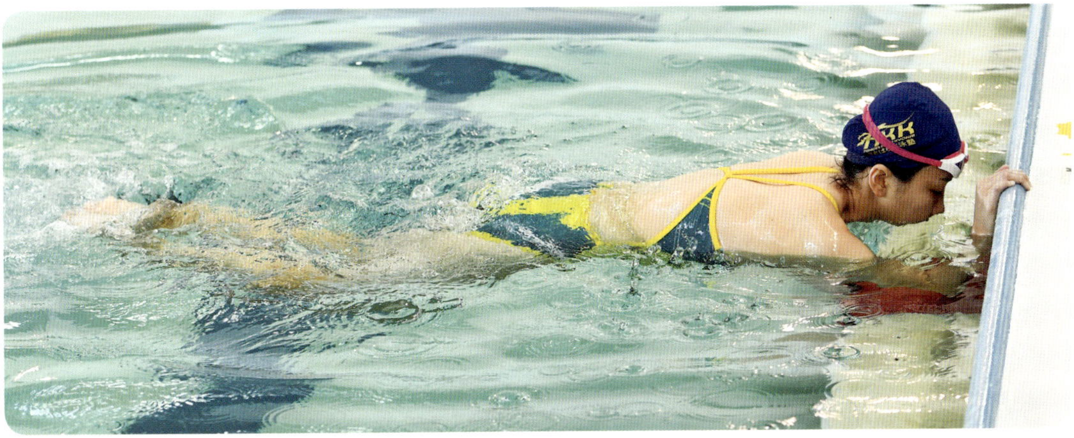

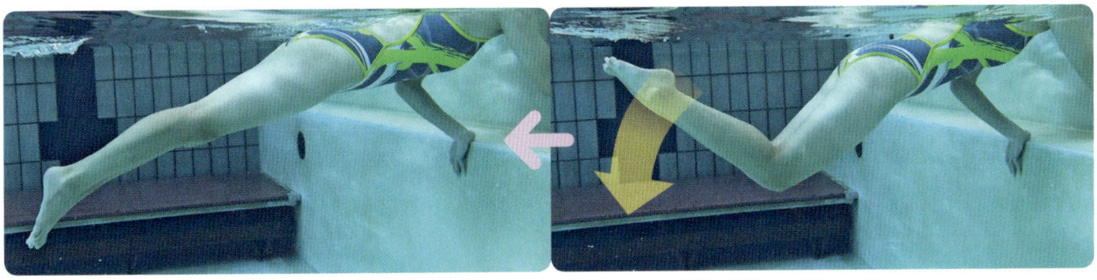

両足の親指をくっつけたまま軽くヒザを曲げてキックします。くり返し行ないましょう

ココに注意！

できるだけカラダを平行に保つ

バタフライはカラダをうねらせながら進みます。ですが、はじめてバタフライに挑戦する人は、うねりを重視するとうまく泳ぐことができません。できるだけカラダをフラットに維持することを心がけましょう

STEP 3 気をつけキック

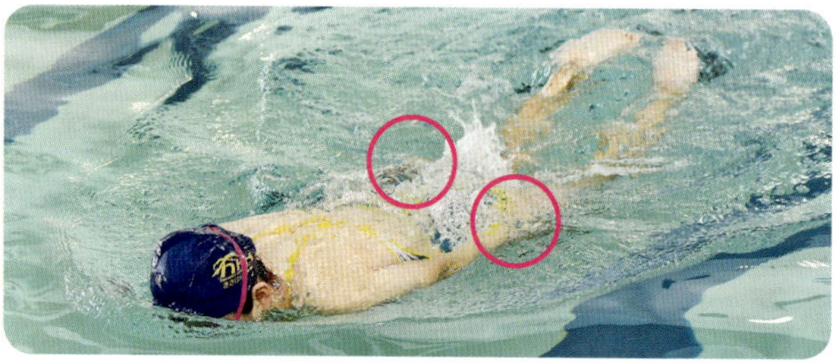

次は、ドルフィンキックを使って実際に泳いでみましょう。両手はカラダの横につけて気をつけの姿勢で進みます。このドリルができるようになれば、息つぎなしのバタフライはすぐにできるようになります。

1

できるだけカラダをフラットにして、コンパクトにキックします

2

顔はほぼ真下に向けておきましょう。キックだけで8～9m進むことを目指します

ココに注意!

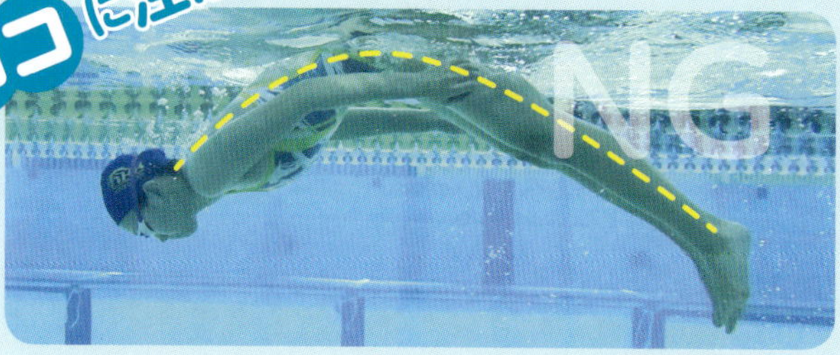

頭の位置が動かないように意識する

水中へ頭が沈まないように注意しましょう。頭から足までが一直線になるように意識しながらキックをすると、抵抗を受けずにスムーズに水中を進むことができます

STEP 4 フロントキック

今度はストリームラインをとって、ドルフィンキックで進みましょう。頭の上に伸ばした両手がビート板の役目を果たしてくれます。ラクに泳ぐことができるはずです。

1

両手が沈まないように注意しながらヒザを曲げてキックします

2

キックをしたあとも上半身はしっかりと固定したまま維持します

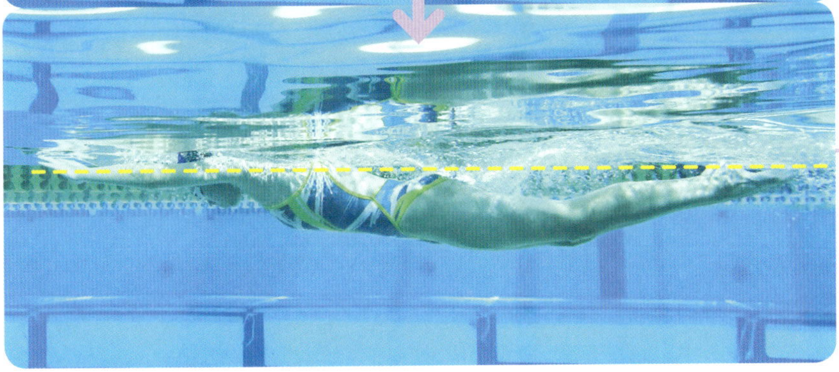

3

できるだけ頭から足までがフラットな体勢になるように心がけましょう

STEP 5 陸上で片手ストローク

ここからは、ストロークの練習をはじめます。
まずは陸上で、バタフライの正しいストロークを確認しましょう。
軽くヒザを曲げて立ち、片手ずつストローク動作を行ないます。

Point ストロークのコツ

リズミカルに肩を回す

「イチ・ニー、イチ・ニー」のリズムで、キックとタイミングを合わせるイメージでストロークしましょう。水をかいたら太ももを触り、肩で耳をタッチしてリカバリーします。腕ではなく肩を回すイメージです。

STEP 6 呼吸なしの片手ストローク

理想的なストロークの形がわかったら、水中で片手だけのバタフライを行ないます。
2キック目に1ストロークのタイミングで合わせてみましょう。
右手、左手、どちらの手でもできるようになるまで練習します。

1

キックを打つときもできるだけカラダが平行になるように意識しましょう

2

水をかくときは肩を縦ではなく横に回すイメージで行ないます

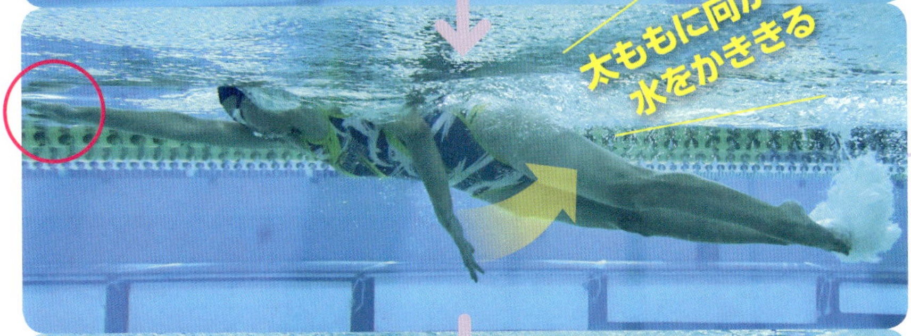

3

ストロークをしないほうの手はしっかりと固定して動かしません

4

上半身が沈まないように注意しながら息が続くまでくり返します

STEP 7 陸上で両手ストローク

片手ストロークのバタフライが泳げるようになったら、次は両手ストロークの練習です。
片手で行なったときと同じように、陸上で正しいストローク動作を確認しましょう。
手ではなく肩を回すイメージです。

腕を入水させたらヒジを持ち上げて水をかき集めます。胸の前まで来たら、太ももを触ってから後方へ水を押し出し、肩が耳に触れる意識でリカバリーしましょう

Point 両手ストロークのコツ

真後ろではなく外側に向けて回す

腕ではなく肩を大きく回すことも大切ですが、このときに、縦に回転させるのではなく、外側に回転させる意識を持つことで正しいストロークの形に近づきます。

STEP 8 呼吸なしバタフライ

早くも第1段階の仕上げです。呼吸なしのバタフライに挑戦してみましょう。
ここまでに練習してきた、姿勢、キックの形、ストロークの形を
思い出しながらゆっくり泳いでみましょう。

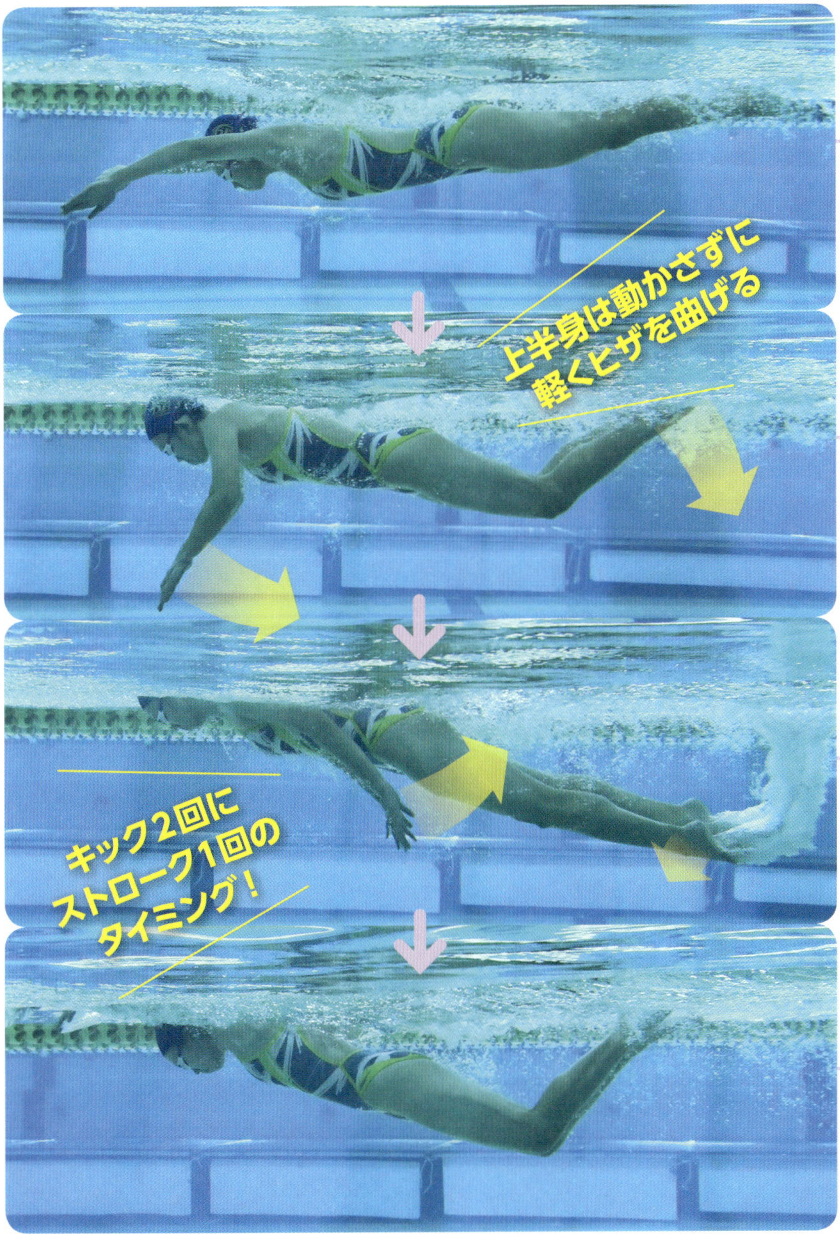
上半身は動かさずに
軽くヒザを曲げる
キック2回に
ストローク1回の
タイミング！

1
できるだけカラダをフラットに保ちながら両手で水をとらえます

2
2回目のキックを打ちはじめるのと同時に両手で水をぐっとおさえましょう

3
両手が太ももの横にくるタイミングに合わせてキックします

4
肩を大きく回してリカバリーしながら次のキック動作に移ります

STEP 9 ビート板前呼吸

第2段階は前呼吸の練習からスタートします。ドルフィンキックを打ちながら進み、4キック目に合わせて顔を水中から上げ、前呼吸で息つぎをしましょう。動作が大きくなりすぎないように注意します。

1

ビート板を両手でつかみ顔を真下に向けた状態で進みます

2

4回目のキックに合わせて顔を上げて息つぎをします

3

勢い良く顔を上げると動きが止まってしまい進みが悪くなるので注意します

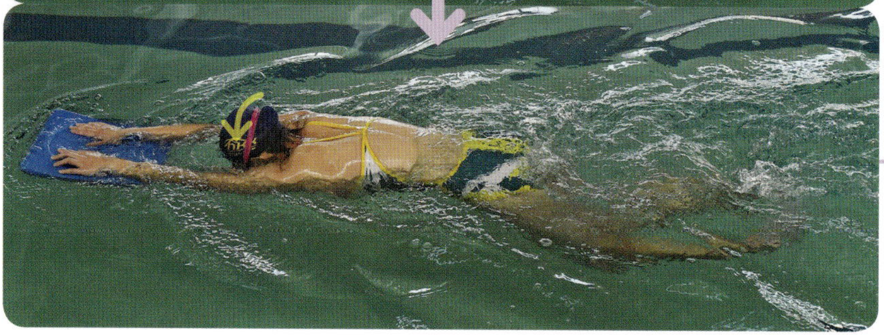

4

呼吸をしたらそのまま静かに水中へ顔を戻しましょう

STEP 10 片手バタフライ横呼吸

次に、ストローク動作と呼吸動作のタイミングを合わせる練習を行ないます。
片手でバタフライのストロークを行ないながら、横呼吸で息つぎをします。
「トン・トン」「トン・トン」とリズミカルにタイミングを合わせましょう。

1

カラダをフラットに保ちながら、両手をまっすぐ頭の上に伸ばします

2

片方の手で水をかきながら顔を真横へ向けましょう

3

水をかききるタイミングで顔を横に向けて息つぎをします

4

肩から大きく回してリカバリーをしながら、顔を水中へ戻します

STEP 11 気をつけ片手バタフライ

呼吸とストロークのタイミングが合ってきたら、次はカラダ全体の動きとストロークのタイミングを合わせるための練習にとり組みましょう。呼吸を入れずにキックと片手のストロークで水中を進みましょう。

1

2回目のキックに合わせ、片方の手でストロークをはじめます。もう片方の手はカラダの横に固定しましょう

2

ストロークのフィニッシュに合わせて鋭くキックします

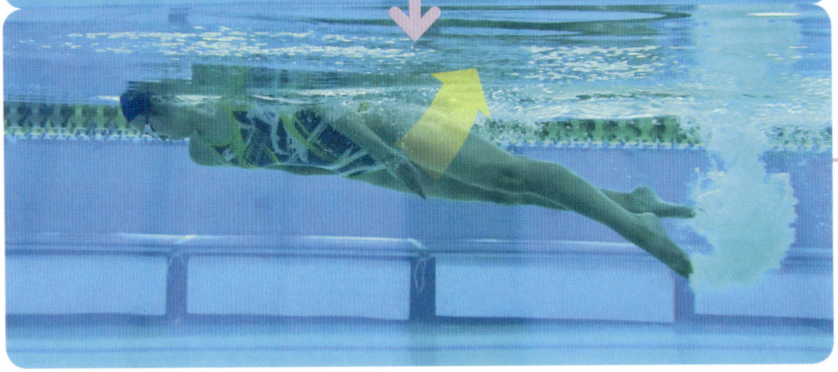

3

キックを打ち切ると同時に水面に腕を出してリカバリーを行ないます

STEP 12 気をつけ片手バタフライ前呼吸

バタフライの完成がすぐそこまで見えてきました。
最後は、カラダの動作と呼吸動作を合わせる練習です。手と足のタイミング、カラダと頭の動きのタイミングがズレていないか確認しながら行ないましょう。

1

片方の手を頭の上に伸ばし、もう片方の手は体側にくっつけたまま固定しましょう

2

2回目のキックに合わせて水をかきながら頭を斜め前方に出しましょう

3

手をかききると同時に息つぎをします。足が沈まないようにキックを打ちましょう

4

頭の戻しと手のリカバリーのタイミングを合わせます。「トン・トン」「トン・トン」とリズム良く行ないます

COLUMN 06

「再開組」こそ機能改善運動にトライ

最近、水泳を「再開」したい、という大人のスイマーが多くいます。「泳ぐことは昔から好きだった」「学生の頃は水泳部に所属していた」など、しばらく水泳から遠ざかっていたものの、大人になって余暇の時間が増えたことで、もう一度はじめてみようと考える人が増えているのです。昔、競技へ出場していたり、スクールに通っていた人は、当然4泳法の泳ぎ方も熟知しています。しかし、いざ泳いでみると「こんなはずではなかった……」と落ち込んでしまうことも少なくありません。なぜなら、いくら技術を備えていても、それを体現するカラダの機能が衰えてしまっているからです。水泳経験者にとっては、水中で体操やストレッチをしたり、技術を見直すことは少々退屈に感じるかもしれません。しかし、経験者こそ細かいステップを一つひとつクリアし、運動機能を改善させながら泳ぎの練習に取り組んでほしいと思います。そうすることで、挫折することなく若い頃のような泳ぎをすぐに取り戻すことができるでしょう。

Chapter 7

4泳法にチャレンジしよう!

平泳ぎ

なんとなく泳ぎ方は知っているけどうまく泳げない……。その原因はキックの打ち方にあるかもしれません。キック、ストローク、息つぎ、それぞれを細かくわけて練習してみましょう。

長距離を泳ぐのに最適な泳法

運動機能が改善すれば ラクに泳げる

正しいフォームを身につける

平泳ぎは他の種目と比べると、キックの難易度がやや上がります。足首を返すような動きが必須となるので、股関節まわりの筋肉や足首が硬い人は、水中ストレッチなど、カラダの機能を改善させる運動を並行して行なうと良いでしょう。ストロークとキックのタイミングも独特なので、正しいカラダの使い方を身につけられるような練習を行ないます。

どんな流れで進める？ 練習ステップ早見表

イントロ

まずはココからスタート!

キックの練習

まずは、キックの大きなポイントとなる、
足首の返し方や引きつけ方を学びましょう

STEP 1　STEP 2　STEP 3　STEP 4

第1段階

腕の使い方を学ぼう

ストローク動作をチェック

陸上でストローク動作を確認したら、キックとストロークを組み合わせて泳ぎます

STEP 5　STEP 6　STEP 7　STEP 8　STEP 9　STEP 10

第2段階

ストロークに呼吸動作を合わせよう

呼吸動作の練習

ストロークと呼吸動作が合えば完成は目前！
まずは水中を歩きながら息つぎの練習をします

STEP 11　STEP 12

第3段階

実際の泳ぎに近づけてみよう

ストローク、キック、呼吸を合わせる

キック、ストローク、呼吸のそれぞれを連動させ
短い距離をゆっくり泳いでみましょう

STEP 13　STEP 14　STEP 15

お手本の泳ぎをチェックしてみよう!

～平泳ぎ編～

泳ぎの動画をチェック!

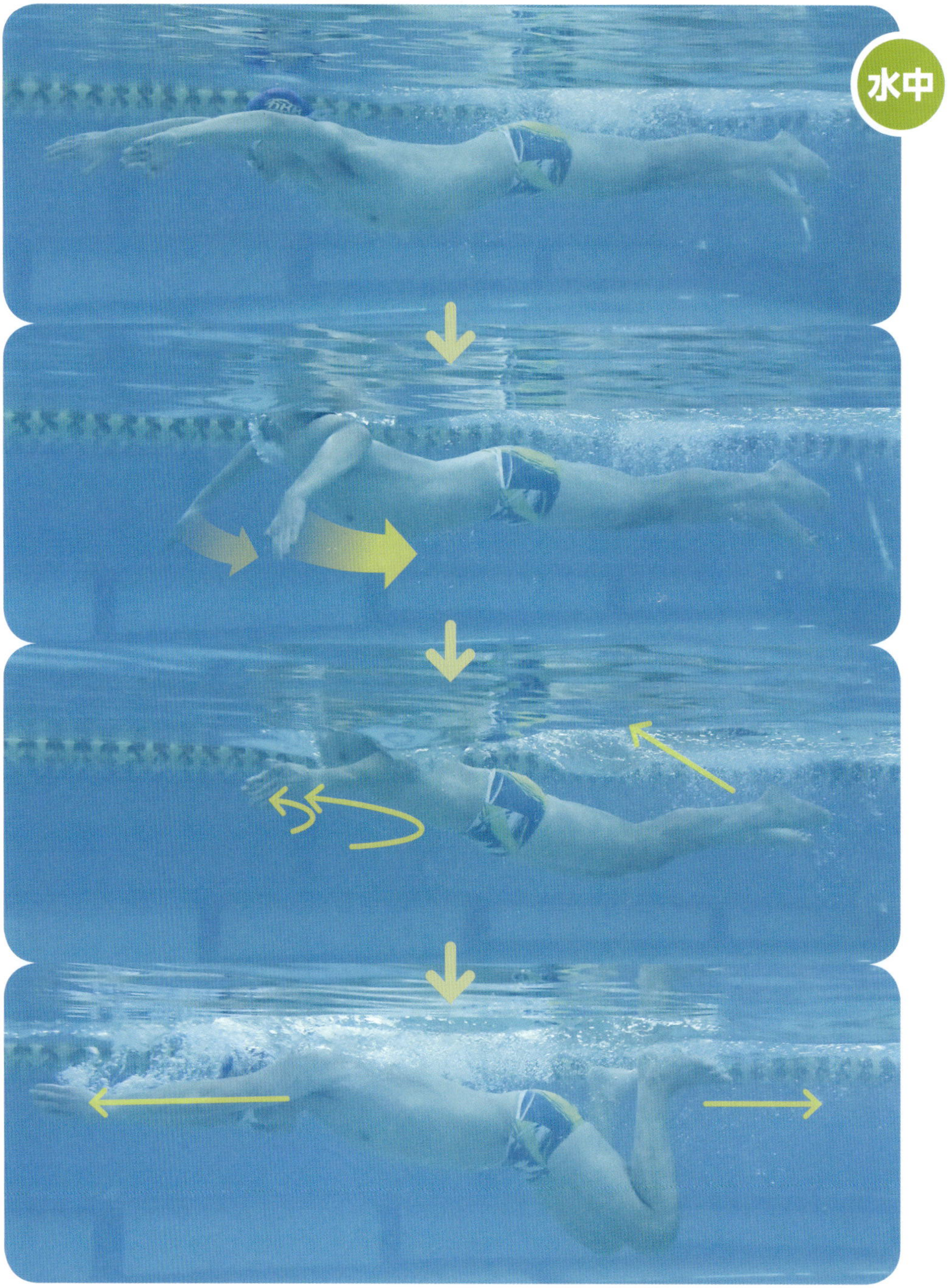

平泳ぎは、キック、ストローク、呼吸動作のタイミングを合わせることが大切です。ストロークとキックはどのように合わせているのか、息つぎはどのタイミングで行なわれているのかを写真で確認してみましょう。

STEP 1 腰掛けキック

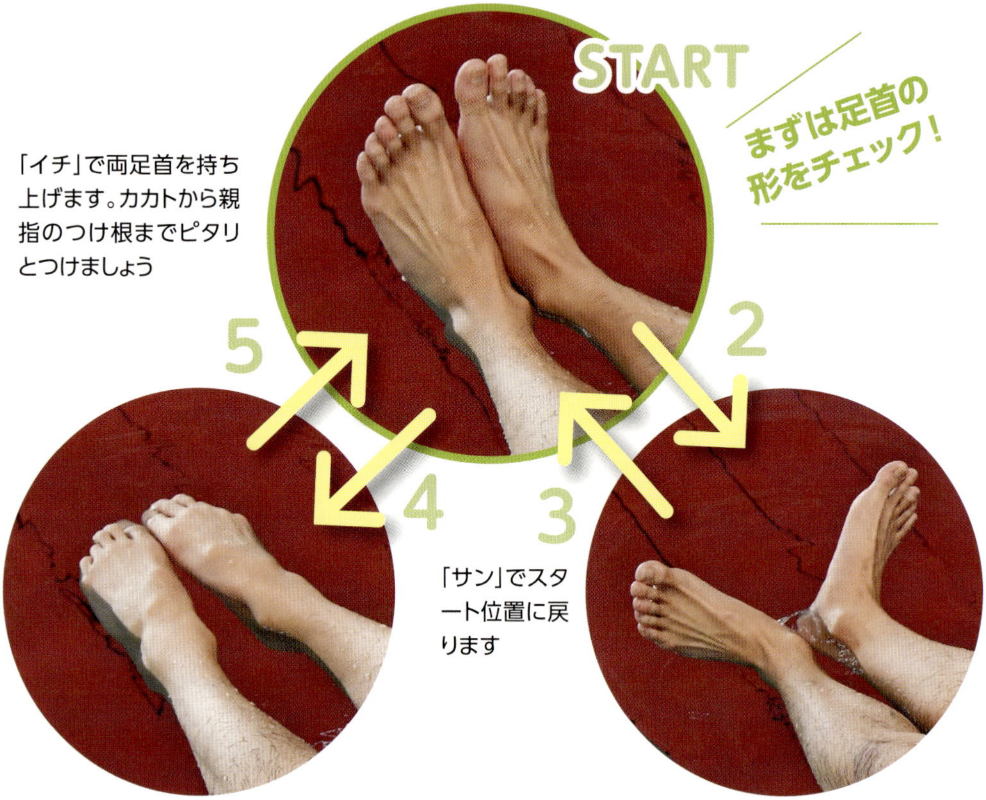
START
まずは足首の形をチェック!
5
2
4
3

「イチ」で両足首を持ち上げます。カカトから親指のつけ根までピタリとつけましょう

「サン」でスタート位置に戻ります

「ヨン」で足を閉じて親指のつけ根を合わせます。「ゴ」でスタートの位置に戻りましょう

「ニー」で両足のカカトをつけたまま、できるだけつま先を広げます

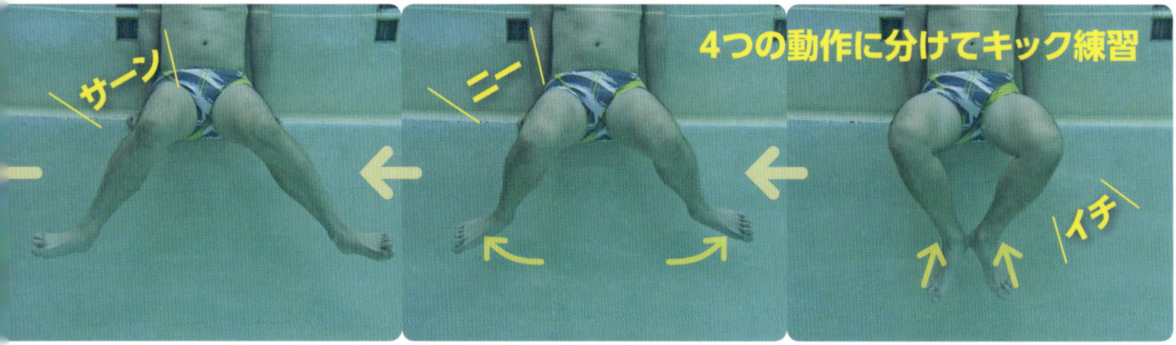
4つの動作に分けてキック練習
サーン
ニー
イチ

「サーン」で足首を返したまま足の裏で水を押しましょう

「ニー」でぐっと力を入れて足首を返しましょう

「イチ」で両足のカカトをつけたまま足首を引きつけます

平泳ぎのキックは他の種目と大きく異なり、足首を返して水を蹴ることで推進力を得ます。そこで、キックの練習をはじめる前に、プールサイドに座って足首の向きの変え方を理解していきましょう。

ココに注意!

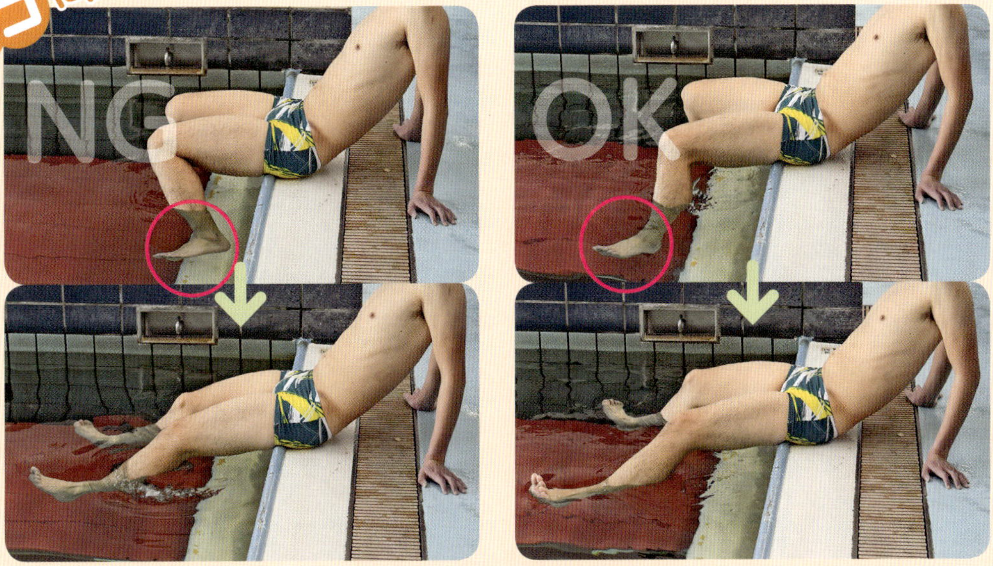

ヒザを内転させすぎると負荷がかかり損傷しやすい

「蹴る意識」が強すぎると、ヒザを思い切り内転(内側を向く)させてしまいがちです。ヒザの内側を痛めてしまうだけでなく、正しい足首の向きも習得できないので注意しましょう

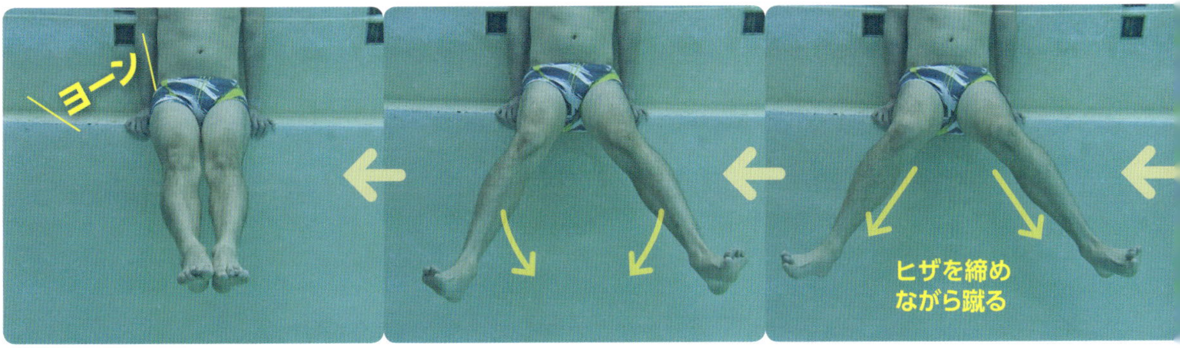

「ヨーン」で足を閉じ、親指のつけ根をくっつけたまま元の位置に戻ります

ヒザが内転しすぎないように注意しながら水を蹴りましょう

水のかたまりを足でとらえたままヒザを伸ばします

STEP 2 うつ伏せキック

次は、うつ伏せになって実際の平泳ぎに近づけた状態で足首の使い方を確認しましょう。腰から下を水の中に入れて、まっすぐ足を伸ばした姿勢からスタートし4拍子のキックを行ないます。

ヒザが内転しすぎないように注意

理想的な足首の返しを意識しながらキックをくり返します。カラダが力みすぎないようにリラックスして行ないましょう。「蹴る」意識よりも「締める」イメージで行なうと足が内転しすぎるのを予防できます

ココに注意!

4段階に細かく分けてキックの練習

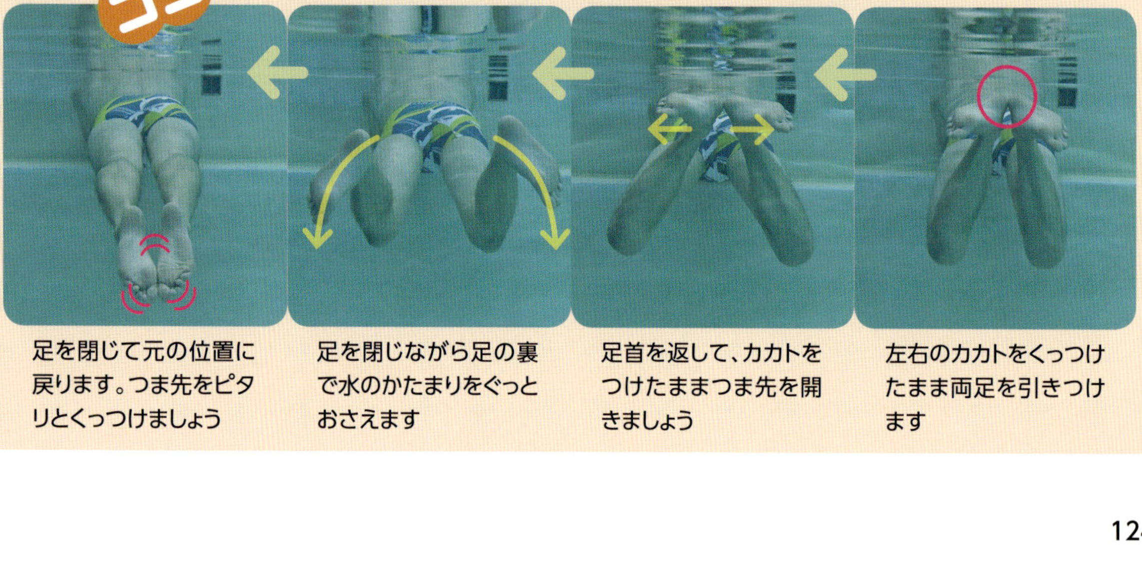

足を閉じて元の位置に戻ります。つま先をピタリとくっつけましょう

足を閉じながら足の裏で水のかたまりをぐっとおさえます

足首を返して、カカトをつけたままつま先を開きましょう

左右のカカトをくっつけたまま両足を引きつけます

STEP 3 壁キック

両手でプールサイドの壁をつかみ、ワキを締めてカラダを浮かせます。
顔は真下に向けて水につけましょう。この状態で4拍子のキック練習をくり返し行ないます。足裏で水を蹴る感覚を養いましょう。

1

足をまっすぐに伸ばした状態から「イチ」で両足を引きつけます

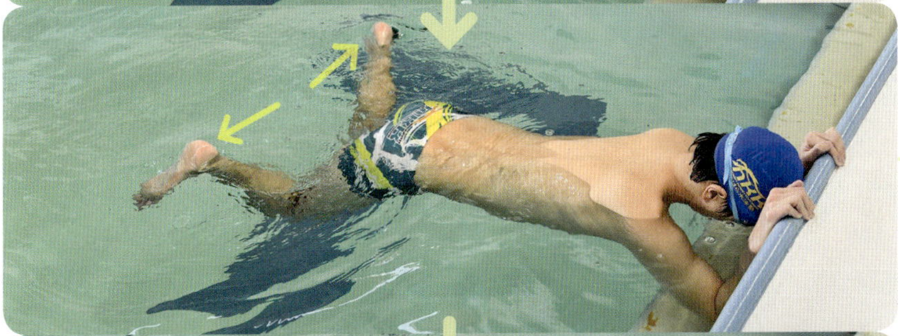

2

「ニ」で足首をぐっと返して、外側に足を広げましょう

3

「サン」で足の裏で水のかたまりをとらえ、後方に向けて押し出します

4

「ヨン」で足を閉じて最初の姿勢に戻りましょう

STEP 4 ビート板キック

キックの感覚を十分につかめたら、ビート板を使って実際に
キックを打ちながら水中を進んでみます。4つの動作がそれぞれ正確にできるように、
慣れるまでは自分でカウントしながら行なうと良いでしょう。

ヒザが
内転しすぎない
ように注意

1

ヒザを曲げて両足をお尻にぐっと引きつけましょう

2

足首を外側に返します

3

足の裏で水をとらえたまま蹴り挟むイメージで押し出しましょう

4

足を閉じて元の位置に戻りましょう。親指のつけ根をくっつけます

STEP 5 陸上でストローク

キックがうまく打てるようになったら、ストロークの練習をはじめます。
陸上で正しい腕の使い方を確認しましょう。まだ息つぎ動作は行ないません。
「イーチ・ニー」とカウントしながら両手を動かしましょう。

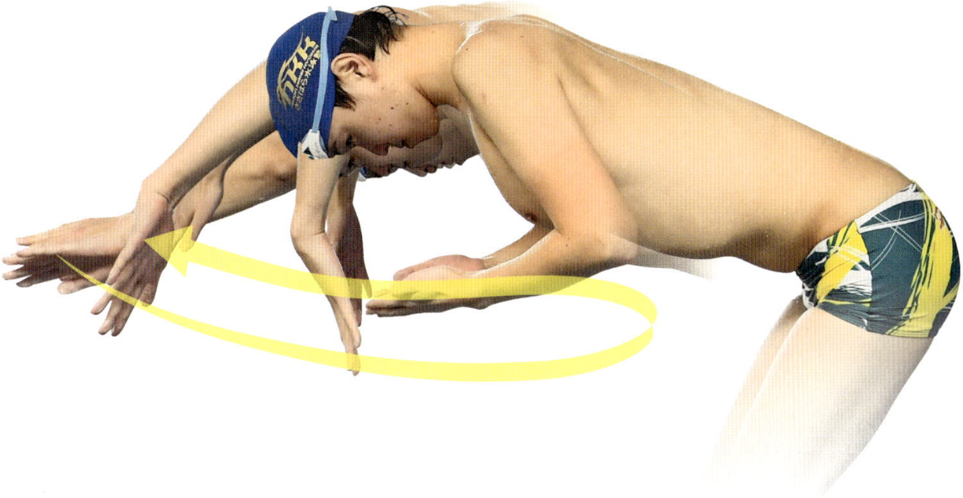

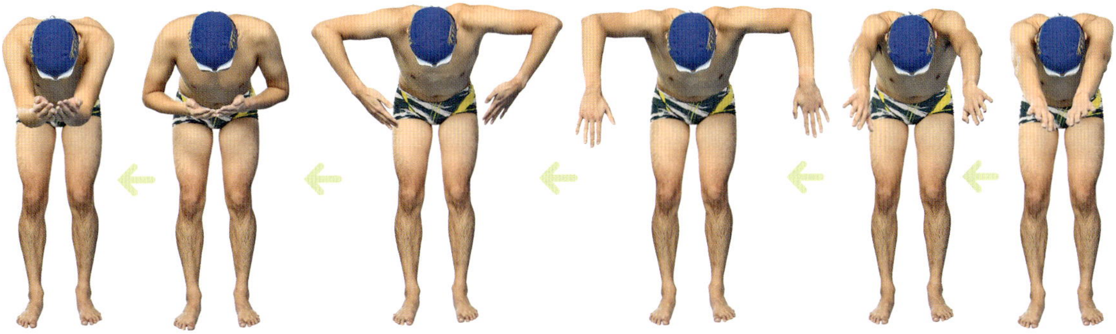

「イーチ」で水をかいて「ニー」で前に戻す

両手を前方に伸ばした状態から、「イーチ」の合図で両手を開いて水をアゴの下にかき集めます。「ニー」で手首を返しながら前方に向けて腕を伸ばしましょう

STEP 6 けのびストローク

陸上で正しいストローク動作を確認したら、次は、けのびの状態でストロークを行ない7～8m程度進みましょう。キック動作を入れる必要はありません。

1

耳の後ろに肩がくるように肩甲骨を前に出して両手をまっすぐ伸ばします

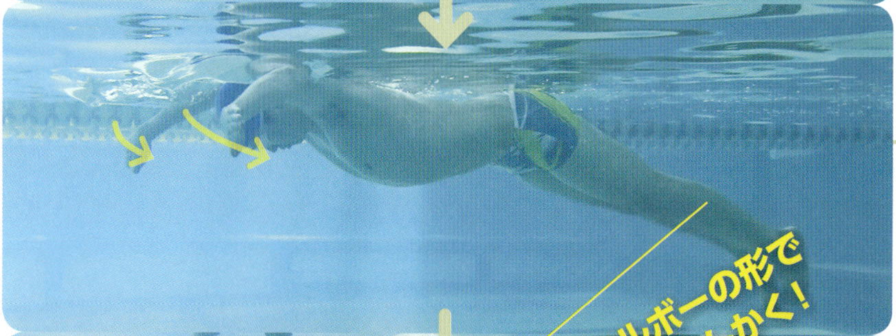

2

手のひらで「つ」の字を描くように、左右に開いて水をキャッチします

ハイエルボーの形で
水をたくさんかく！

3

ヒジを高く上げて腕全体を使って水のかたまりをかき集めます

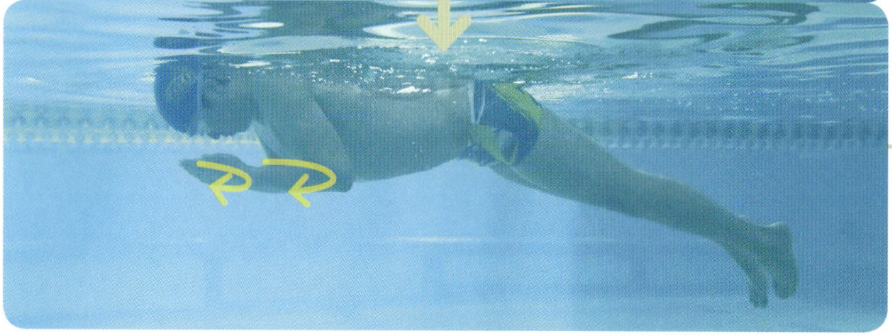

4

アゴの前に水を集めたら手首を返しながら元の位置に戻りましょう

STEP 7 バタ足ストローク

次はSTEP6で行なったストローク動作にバタ足を加えてみましょう。「イーチ・ニー」とカウントしながら、大きくゆったりとストロークします。

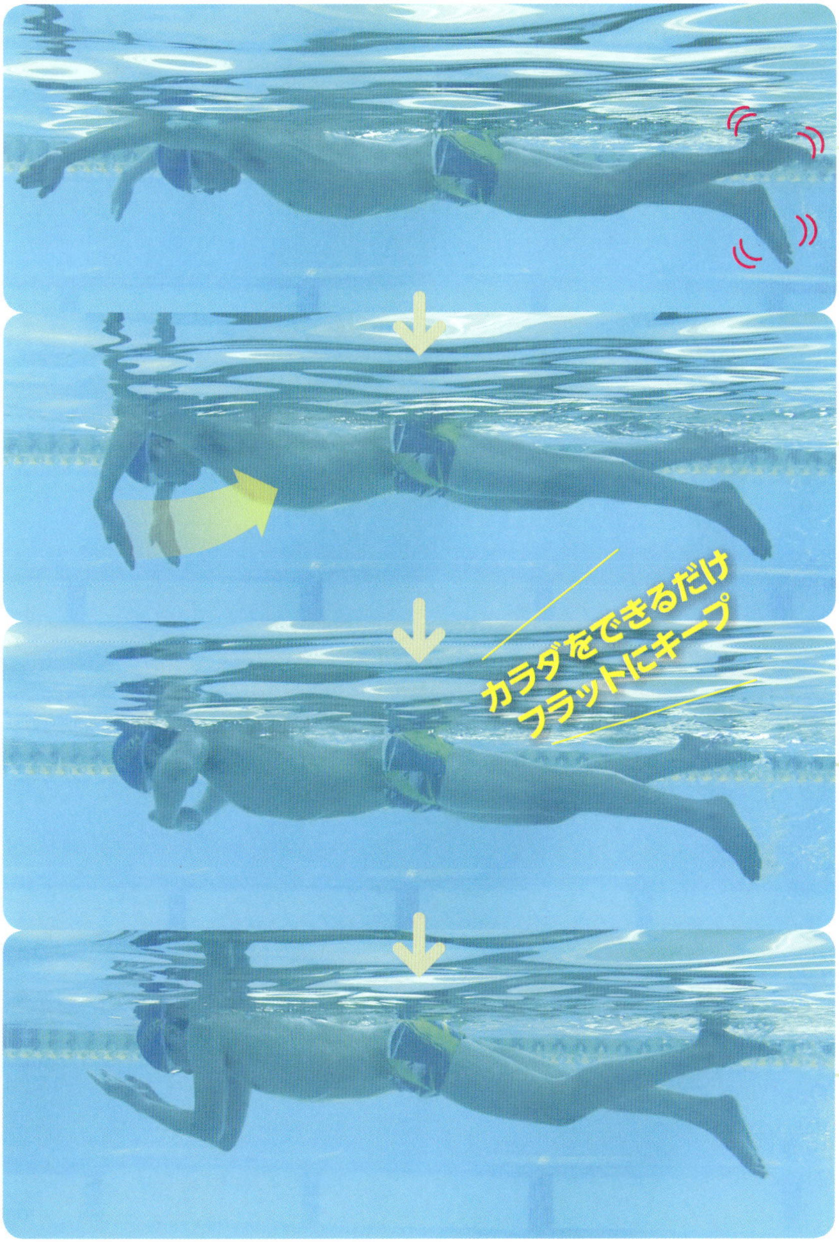

1

キックの幅が大きくならないようにテンポ良くバタ足します

2

「イーチ」で水をかきます。ヒジの位置が下がらないように注意しましょう

3

手の平に水を感じながらアゴの下へ水のかたまりを集めます

4

「ニー」で両手をまっすぐ前に戻してくり返し行ないます

STEP 8 ドルフィンストローク

すでにバタフライが泳げる人や、練習に取り組んでいる人は、ドルフィンキックを行ないながら平泳ぎのストロークを合わせてみましょう。

1

バタ足と合わせるときより、ややストロークのテンポを上げましょう

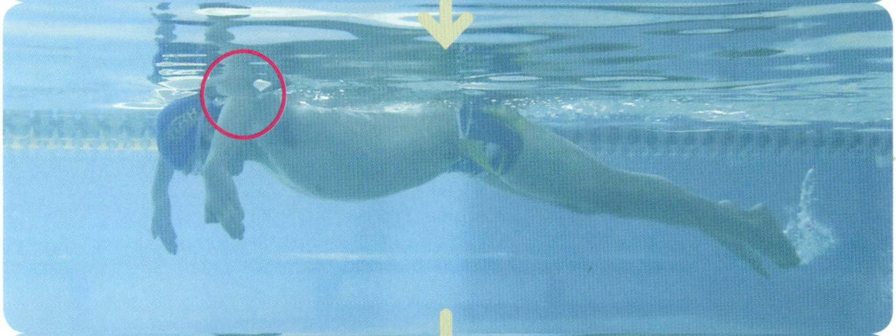

2

キックを打つタイミング（2回目）に合わせてハイエルボーで水をかきます

メリハリをつけて
テンポ良く！

3

アゴの下へ両手を引きつけます

4

両手を前に戻しながら1回目のキックを打ちましょう

STEP 9 グライドキック

ここでもう一度キックのドリルにとり組みましょう。優先的にストローク練習を行なうことで、肩の可動域が広がりスムーズに平泳ぎの完成へつなげることができます。

両手をビート板変わりに！
沈まないように注意

1

両手をまっすぐ伸ばしてストリームラインをとって泳ぎます

2

両足をぐっと引きつけて足首を外側へ返しましょう

3

足の裏で水をとらえ、後方に向けて水を蹴り挟みます

4

水を押し切ったら足を閉じて元の位置に戻りましょう

STEP 10 キック&ストローク

第1段階の仕上げは、息つぎをせずに平泳ぎで水中を進むコンビネーション練習です。
ここでは、キックとストロークは同時に行ないません。
キックをしてからストローク動作を入れましょう。

1

ストリームラインをとった状態で両足を引きつけて足首を返します

2

上半身は固定したまま足の裏で水を押し出しましょう

3

足を閉じて元の位置に戻ったらストロークをはじめます

4

フラットな姿勢を維持しながら水をかき、両手を前に戻しましょう

STEP 11 陸上でストローク（呼吸あり）

第2段階では、呼吸動作を身につけるための練習を行なっていきます。まずは、陸上でストローク動作と息つぎのタイミングを確認しましょう。息つぎ時に頭の位置が上がりすぎないように小さい動作を心がけます。

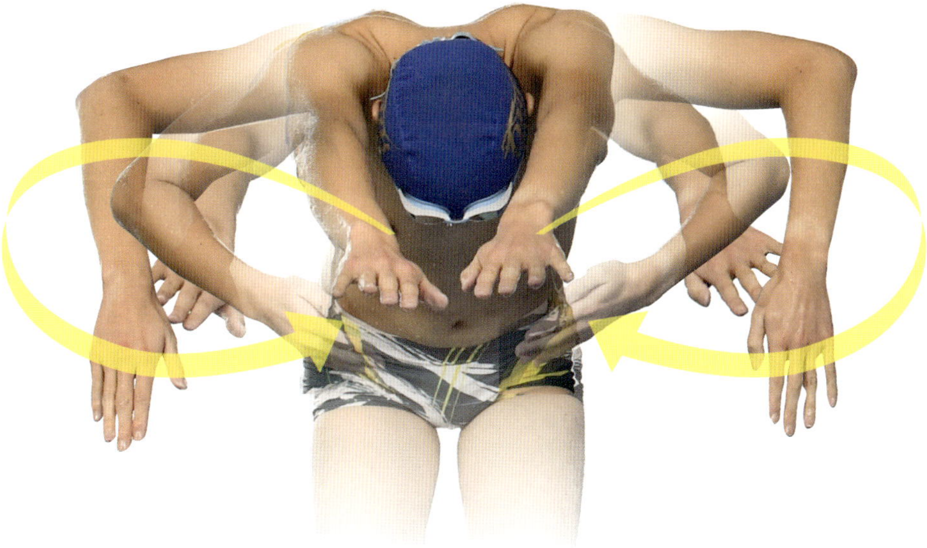

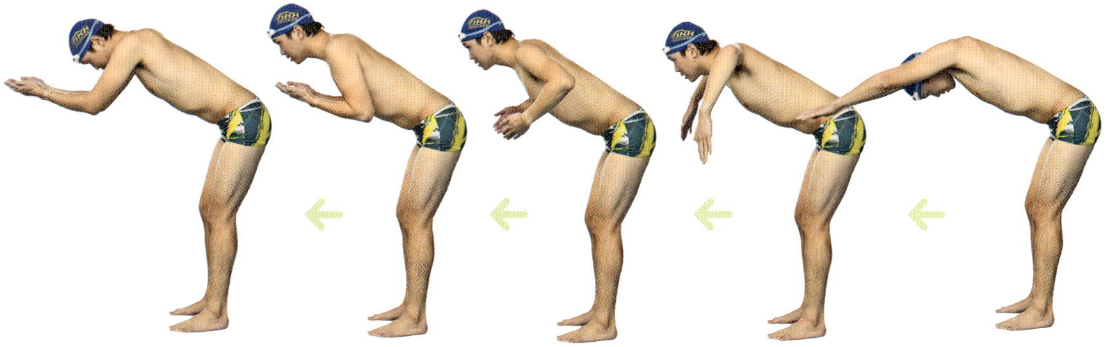

「パッ！」の口で呼吸をする

「イーチ」で水をかきながら呼吸動作を入れます。このとき「パッ!」と声に出して実際の息つぎをイメージしながら行なうと良いでしょう。「ニー」で両手を正面に戻します

STEP 12 歩きながら呼吸

呼吸動作の練習は水中を歩きながら行なうことでも有効です。顔をつけてストロークをしながら水中を歩き、両手がアゴの下に来たタイミングで顔を上げて呼吸します。

1 水に顔をつけて両手を前に伸ばします

2 水をかき集めながら徐々に顔を上げましょう

3 アゴの下に水を集める意識でストロークします

4 両手がアゴの下にそろうタイミングで息つぎをします

5 両手を前に戻しながら顔も水中に戻しましょう

6 しっかりと腕を伸ばして元の位置へ戻ります

STEP 13 ビート板キック前呼吸

息つぎの感覚とタイミングがつかめたら、キックと呼吸動作を合わせて泳いでみましょう。ストロークは行なわずにストリームラインを維持します。

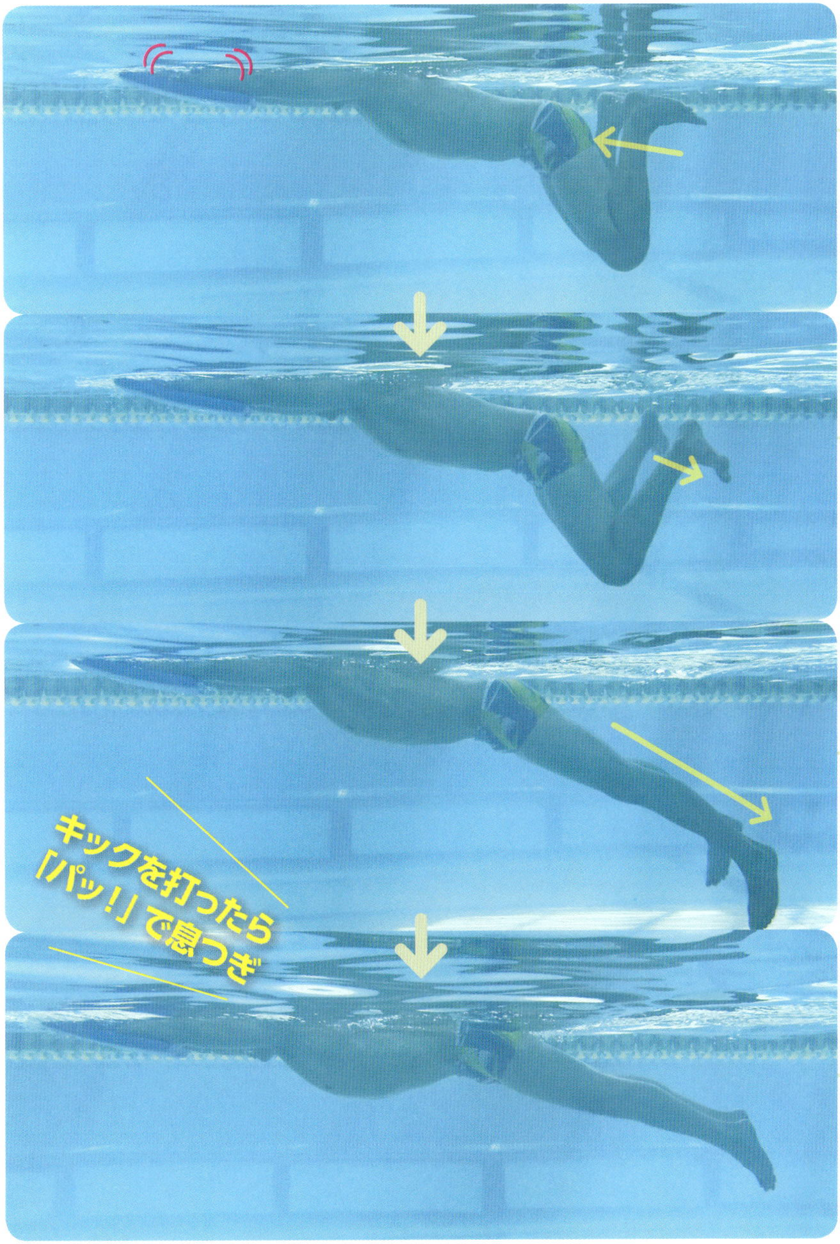

1

両手でビート板を持ってストリームラインをとり、両足をお尻へ引きつけます

2

ヒザが内転しすぎないように注意しながら足首を外側へ返しましょう

3

足の裏で水のかたまりを押し出します。上半身は固定したままです

4

キックを打ち切ったタイミングで顔を上げて息つぎをしましょう

STEP 14 バタ足平泳ぎ

平泳ぎの完成までもう一歩のところまできました。ここでは
平泳ぎのストロークと呼吸動作を行ないながら、バタ足のキックを入れて泳いでみましょう。
息つぎをするときは、頭が上がりすぎないように注意します。

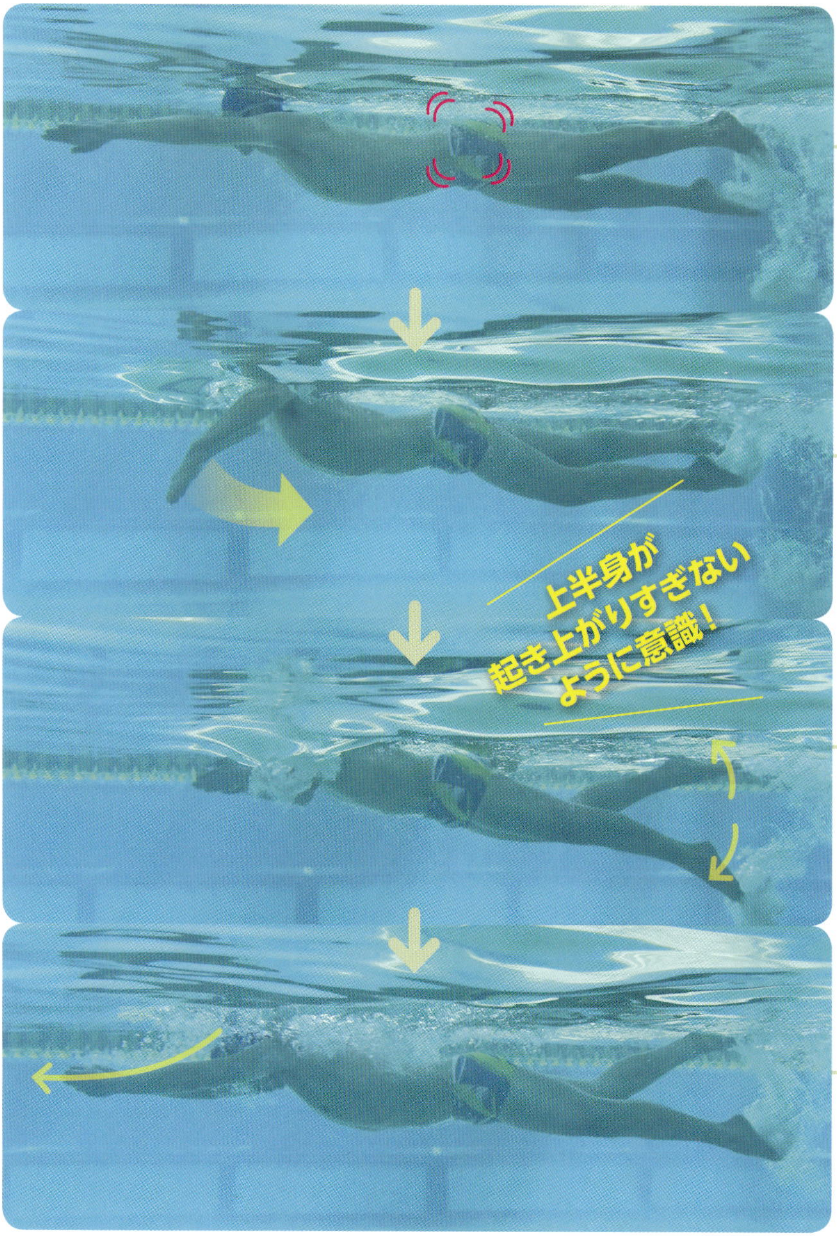

1
股関節から足を動かして幅の小さなキックを打ちます

2
ヒジの位置を高く上げてたくさんの水をかき集めます

3
両手がアゴの下にそろうタイミングで静かに小さく頭を上げて息つぎをします

4
両手を前に戻しながら頭を水中へ戻しましょう

STEP 15 コンビネーション

第3段階の仕上げはコンビネーション練習です。
ストロークと呼吸動作、キックと呼吸動作それぞれを連動させ、8～10mを目指して泳ぎます。
ここまでできれば、平泳ぎをラクにスムーズに泳ぐことができるはずです。

1

両手を前に伸ばしてストリームラインをとった状態で両足を引きつけます

2

上半身が沈まないように注意しながらキックをします

ストロークのタイミングに合わせて息つぎをする

3

キックで両足が閉じるタイミングで水をキャッチしてストロークをはじめます

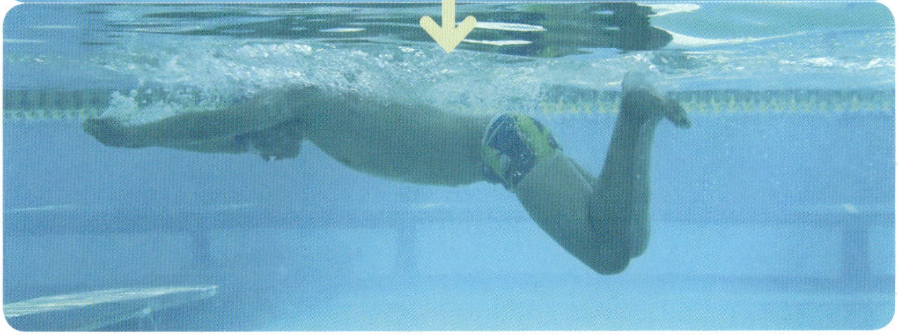

4

両手を前に戻したら、ふたたび両足を引きつけてキックします

ステップ別ターン練習法

ヒザの引きつけでラクに回る

STEP 1 体勢の確認

まず、だるま浮きを行なって回転するときの体勢を確認しましょう。
同時に、鼻に水が入らない息の吐き方も練習します。

だるま浮き

できるだけ背中を丸くして、ヒザを胸にピタリとくっつけて目線はおへそに向けましょう。水中で「ムーー」と長く息を吐きながら行ないます

STEP 2 回転

次は、だるま浮きの姿勢からぐるんと一回転回ってみましょう。
ターンの感覚をカラダに覚えさせせる目的があります。

だるま浮きから回転

鼻から息を出しながらおへそを見て回転します

その場で軽くジャンプをして頭から飛び込みます

うまく回れない人は、カラダを回すサポートをしてもらいましょう

泳ぎの流れのなかでターンを行なうときは、速く壁を蹴ろうとすると空振りをしがちです。お尻と壁をぶつけるぐらいのイメージを持つと良いでしょう。

STEP 3 泳ぎのなかで回転

けのびの姿勢から回転してみましょう。ヒザの引きつけを意識すると、
スムーズに回転することができます。

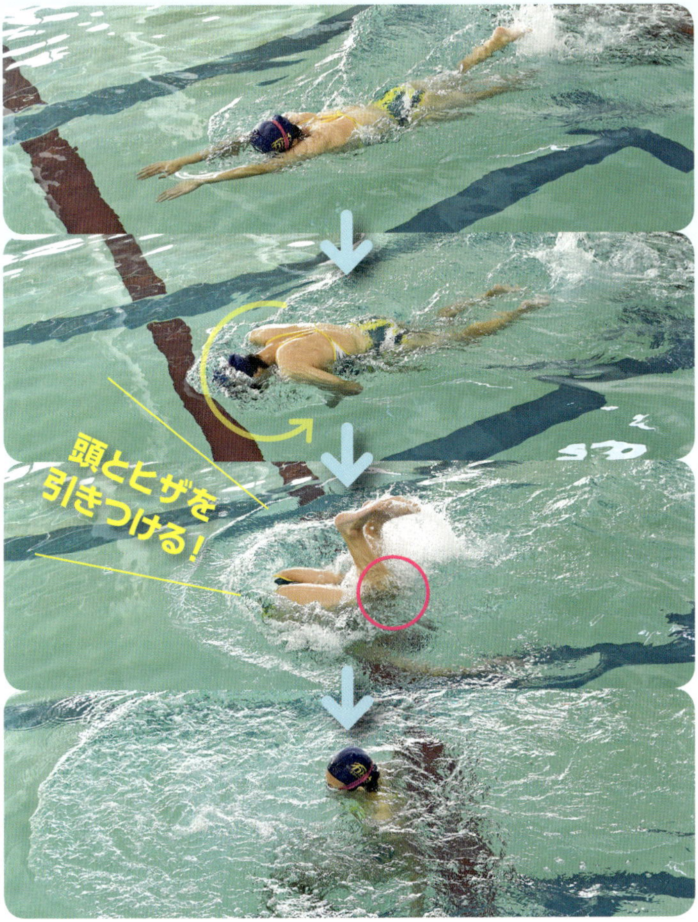

けのびから回転

壁を蹴ってけのびで少し進んでから回転します。両手で水をおさえてから回るイメージを持つとうまくいきます。目線はおへそに向けて息を吐きながら回りましょう

Point ターンのコツ

ヒザを素早く引きつける

回転が途中で止まってしまうという人は、ヒザの引きつけが十分でない可能性があります。ターンの最後までヒザを胸に寄せておくことで解決できます

ターンの完成!

ストリームラインをとってスタート

ステップ別スタート練習法

STEP 1 水中でのスタート

必ずしもスタート台から飛び込む必要はありません。水中にいる状態から壁を蹴って進みはじめましょう。

潜ったら両手を前に伸ばす

壁を蹴ってスタート

水中で壁を蹴ってから泳ぎはじめるオーソドックスなスタート法です。ヒザを曲げて壁に足裏をしっかりつけて蹴りましょう。

Point スタートのコツ

潜ってから壁を蹴る

水中に潜ったら、水中の抵抗を軽減できるようにストリームラインの姿勢をつくってから壁を蹴り出しましょう

スタートの感覚がつかめたら完成までもう一歩! ややヒザを曲げてかがみ、地面を蹴って飛び込みましょう。素早くストリームラインをとることが大切です

カラダをかがめた姿勢で準備

STEP 2 飛び込みスタート

飛び込みスタートの練習は、徐々に水面との距離を離していくことで、恐怖感を抱かずに習得できます。

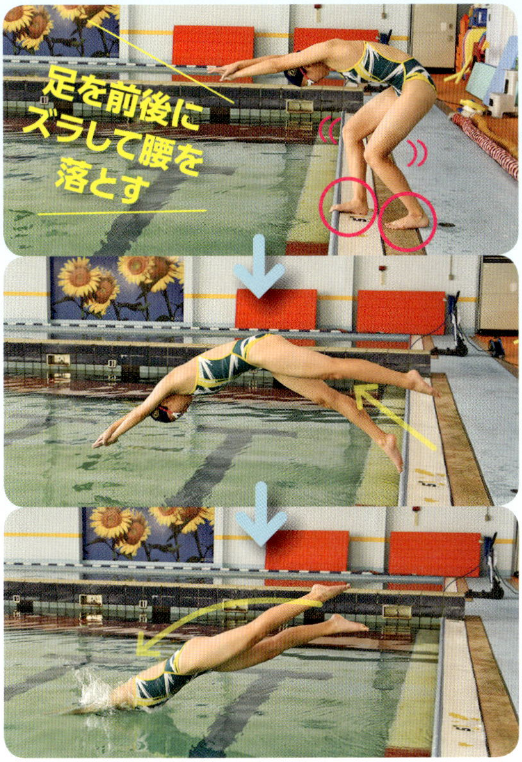

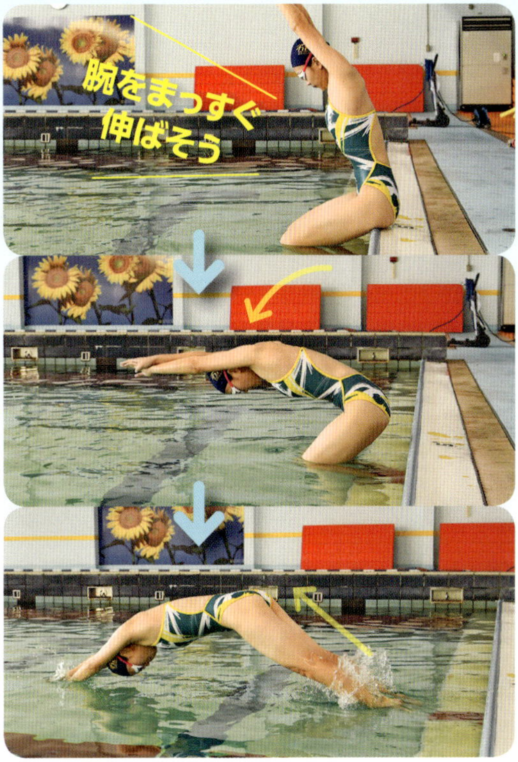

立った状態からのスタート

足を前後にズラしてプールサイドに立ちます。ややヒザを曲げてかがみ、ストリームラインをとったまま飛び込みましょう

プールサイドからのスタート

プールサイドに腰掛けてストリームラインをとります。そのまま前に倒れるように頭から飛び込みましょう

スタートの完成！

あとがき

人間は水から生まれ水に活かされる

20歳で水泳コーチのキャリアをスタートさせてから43年間、多くの老若男女に向けて初心者水泳や競技水泳を指導してきましたが、今回シニア向けの初心者水泳教本を監修する機会を得て、改めて水泳の「素晴らしさ」「奥深さ」「スゴさ」に出会い、とても嬉しい気持ちになりました。

一方で、50代、60代から初めて泳ぎを習う方々には、共通に抱える諸問題があります。それらを一つひとつ解決しながら、一種目の完成にこだわらず、さまざまな泳法にとり組み、できることから積み上げていく指導が必要だと本書の制作を通して、いま一度気づかされました。この方法をとることで、数ヶ月後のある日、それまでできなかった複数のことが、「パッ」とできるようになるミラクルな体験を数多く見てき

たからです。
できることを徐々に増やし、「正しい泳ぎ」に近づける過程のなかで、「姿勢」や「カラダの運動機能」のセンスが磨かれ、それにともない血管や神経の働きが改善され、活性化されます。同時に、ネガティブな発想もポジティブに変わり、何事にもチャレンジする気持ちが生まれていくでしょう。
泳ぐことによって、「人間は水から生まれ、水に育てられ、水に活かされている」ことを実感します。
現在、日本が直面する「高齢化」社会において、60代、70代のシニア世代が、心もカラダも「シャッキリ」した生活を送ることができれば、社会に活力を与え、若者の未来に希望を与える原動力となります。
ぜひ、今すぐに水泳をはじめ、「心とカラダのシャッキリライフ」を手に入れましょう。
最後に、出版に協力をいただいた、ささはら水泳塾の皆様、総監修の立場で貴重なアドバイスをいただいた東島新次様、この場を借りて心から感謝申し上げます。

笹原辰夫

◎撮影モデル

藤田聡子（ふじた さとこ）

ウォータメイツスイムクラブつむぎ校、日本体育大学卒。2012年国民体育大会少年A400Mリレー3位。全国ジュニアオリンピック、全国中学、インターハイ、国体で活躍。

◎撮影モデル

加藤浩平（かとう こうへい）

ウォーターメイツスイムクラブつむぎ校、明治大学卒。2007年全国中学200M自由形優勝、2007年夏季全国ジュニアオリンピック200M400M自由形優勝。インターハイ、国体、インカレで活躍。

◎取材協力

コーチマスター

東島新次(ひがしじま しんじ)

イーグルスポーツ(株)専務(ウォーターメイツスイムクラブ)、(有)ワールドアスレティックス代表取締役会長(東松山SS、サンシャインSS)。国際水泳連盟国際コミュニケーション局アジア・日本担当官。国際水泳殿堂選考委員。日本水泳史上最年少グランドスラムコーチ。オリンピック日本代表コーチ(1980、1984)。NHK水泳解説者・協力(1972〜現在)、オリンピック解説者(1980〜2004)、オリンピック大会審判長および泳法審判(1984〜2004)、著書、コラムおよび講演(国内外)他多数。

◎監修　**笹原辰夫**（ささはら たつお）

1956年北海道生まれ。1981年3月札幌大学外国語学部卒。大学在籍中、江別水泳少年団で水泳コーチのキャリアをスタートし、ウォーターメイツSC横浜校で研鑽し、つむぎスイミングスクールヘッドコーチ、ウォーターメイツスイムクラブつむぎ校支配人を経て、現在一般社団法人日本皆泳協会・代表理事（ささはら水泳塾・塾長）。指導歴43年。公益財団法人日本スポーツ協会公認スポーツ指導者・A級コーチ。2004年ジュニア海外（オーストラリア）遠征日本代表コーチ。1992年、2003年、2004年、2005年、2007年日本水泳連盟ジュニアナショナル合宿コーチ。3年連続、別々の選手・種目で全国中学校水泳競技大会制覇。茨城県においては、1988年より国体コーチ・監督を歴任。2017年日本水泳連盟有功章受章。幼児からシニアの方まで幅広く水泳の技術と楽しさを教えながら、市民皆泳とワールドチャンピオン育成を目指している。水泳塾には、幼園児コース、小中学生コース、ベビーコース、選手育成コース。そして、婦人、成人、シニアを対象としたコースでは、「泳がなくても楽しいコース（水中健康、アクアビクス）」と、「泳げるようになって楽しいコース」があり、様々な大人に向けてのレッスンを展開している。

HP: https://sasahara-swim.jimdo.com

◎STAFF

- 編集・制作／城所大輔（株式会社多聞堂）
- 取材・構成／岩元綾乃（株式会社多聞堂）
- 撮影／勝又寛晃
- イラスト／庄司 猛
- デザイン／シモサコグラフィック

大人《おとな》の水泳《すいえい》

2019年5月1日　第1刷発行

監修者　笹原辰夫
発行者　中村 誠
印刷所　図書印刷株式会社
製本所　図書印刷株式会社
発行所　株式会社 日本文芸社
〒101-8407　東京都千代田区神田神保町1-7
TEL.03-3294-8931[営業]、03-3294-8920[編集]
URL https://www.nihonbungeisha.co.jp/

Printed in Japan 112190425-112190425 Ⓝ01 (210061)
ISBN978-4-537-21682-0
（編集担当：坂）